JN025110

アクティブ・ラーニングで学ぶ

日本の経済

根岸毅宏・中泉真樹 [編著]

東洋経済新報社

大学生のみなさんへのエール
──はしがきにかえて

　新しく大学生になったみなさん、ご入学、おめでとうございます。いま、みなさんの胸の中は、大学生になった喜び、期待にあふれていることと思います。それとともに、コロナ禍で大変なことになっているこの状況への不安もあるでしょう。確かに、この状況はいつまで続くのか、そしてあこがれていた大学で充実した大学生活を送ることができるのか、という不安は、これまでの大学生が経験してこなかった新しい、大きな不安要素です。

　でも、みなさんには、その不安に負けてしまうことなく、大学での学びをしっかり受け止め、自分の将来のために役立てていけるようにしてほしいです。みなさんの学びを応援するために、本書は書かれています。

　大学というのは、みなさんにとって、社会に出て働くようになる前の最後の学校教育の場であり、最終準備期間です。

　どんな職業に就きたいのか、どんな仕事がしたいのかにとどまらず、そもそも自分がどんな人生を歩みたいのかをじっくり考えることのできるいわば最後のチャンスです。だからこそ、この大学生活を通じて、その後の長い人生を方向付けることになる指針を身につけること、自分なりのものの見方や考え方、価値観（大切に思うこと）、自分の好きなこと、こだわること、関わっていきたいことを明確にすることがとても大事になります。

　大学での学びは、高校までの教育と違って、最終ゴールが明確ではありません。「大学は自主的に学ぶ場で、自分で学び方を設計する場」と急に言われても、そもそも「自分はいったい何に興味や関心をもち、何を学びたいのか」が明確でない人もいるかもしれません。

　ではどうすれば、自分が好きなことや、やりたいことを見つけることができるのでしょうか。

　答えは意外と簡単です。たとえば料理であれば、どんな料理があるかを知っているからこそ（ひとつ、ひとつの料理の詳細は知らなくても）、その中

で何が好きな料理か、あるいは、食べてみたい料理は何かを選ぶことができるのです。学問や興味のある分野についても、それとまったく同じです。私たちは知らないことについて、「自分はそれが好きなのか、嫌いなのか、それをやりたいのか、やりたくないのか」を判断できません。自分がどうしたいのかは"知る"ことによってしか自覚できないのです。

　職業選択を含め、みなさんが自分らしい生き方を選ぶには、私たちが生きているこの社会や人間について"知る"必要があります。ことに経済学・経営学・会計学の分野を学ぼうとするみなさんにとって、私たちの経済がどのような仕組みになっているのか、産業や企業がどのように発展し、どのような問題に直面しているのかといったことについて、きちんと学ぶこと、そして、経営や会計の視点を含む広い意味での経済学的なものの見方や考え方を養い、経済学の専門的な基礎力を身につけることが必要です。そうした知識があってこそ、自分のやりたいことを発見し、その実現のための準備が可能になるのですから。

　1945年8月15日、第2次世界大戦に敗北し、食料さえ欠乏する状態から再出発した日本は、19年にもわたる高度経済成長期を経て、1980年代半ばには経済大国へと上りつめました。今日の日本経済は、少子高齢化・人口減少という日本の歴史上はじめての大きな変化も経験しています。新型コロナウイルス対応だけでなく、日本経済はいままさに、欧米の真似ではなく、自ら新しい経済・社会を創造していくことを求められているのです。

　そして、この新しい時代を作っていくのは、いま、これを読んでいるみなさんです。古い時代のあり方をあたり前だと思わないみなさんこそ、新しい時代を創造するための最も優れた潜在力を秘めている、と言っても過言ではないでしょう。

　大事なのは、みなさんの「思い」を確かな力に鍛え上げていくことです。本書での学びは、その第一歩だと思ってください。そして、この学びを出発点に、自分のやりたいことを発見し、その実現のための準備をしてください。そうやって磨かれてゆくみなさん一人ひとりの個性の発揮こそが、新しい時代を創造する力となっていくのですから！！

　本書は、みなさんが「知る」ための第一歩となるための入門書です。本書での学びを通じて、自分の学びの方向付け、さらには将来構想にも役立てて

いただければ光栄です。

本書の特徴

　本書は、日本経済について学ぼうとするみなさんの「思い」を確かな力に変えるために書かれたテキストです。その特徴は、次の点にあります。

　第1に、本書はこれから経済や経済学をはじめて学ぼうとする学生向けの入門書です。経済と聞いてもピンとこない、高校の「政治・経済」で習ったかもしれないけれど覚えていない、という人も多いかもしれません。本書はそうした学生のみなさんが、そもそも経済とは何か、という原点から学べるようになっています。

　第2に、本書では経済の原理や経済学におけるものの見方、考え方をわかりやすく解説するように心がけました。私たちの日常生活の背後では、たくさんの経済活動が営まれています。その中には、あまりなじみのないもの、まるっきり知らないものもあるでしょう。でも、そうした多様で複雑な経済活動にも共通した法則性があるのです。それこそが経済の原理であり、この経済の原理をしっかり理解してこそ、現代の多様性を理解することができるようになるのです。

　第3に、本書は経済の入門書ではありますが、経営学や会計学の基礎的な知識も提供しています。経済活動は個人や企業の活動の総和です。それゆえ、経済学を学んでいく場合でも、あるいは企業活動に関する経営学や会計学を専門的に学んでいく場合でも、経済学・経営学・会計学についての最低限の相互理解が不可欠だと考えるからです。

　第4に、本書により基礎的知識を身につけたみなさんが、次の専門的学びへと進むことができるよう、各章末の「これからの学習」に専門分野名を提示しました。みなさんが興味をもった分野、さらに深く知りたい分野を見つけ専攻していくきっかけとして利用できるようになっています。

　第5に、本書はいわゆるアクティブ・ラーニングのための経済学の入門書です。本書にある事前学習やグループワークを活用することで、主体的に深い内容理解をはかることができるようになっています。本書の使い方については後述しますので、それを参考に活用してください。

本書の使い方

　本書の使い方を説明しましょう。本書は、大学生のみなさんに主体的に学んでもらえるように作られています。そのため、実際の経済生活の中で身近に起こっている経済事象を紹介し、そこに現代的な質問や疑問をたくさん用意するように努めました。それらの問題点について自ら、そして仲間のみなさんとともに考えてもらうことで、経済・経営・会計分野の基礎について深く学べるようになっています。そのため、ほかのテキストに比べて、ワークが多いことに気づくでしょう。こうした事前学習やグループワークを活用することで、主体的に深い内容理解をはかることができる、アクティブ・ラーニングのための経済・経済学入門のテキストなのです。

(1)　基礎知識の活用と定着

　また、このテキストでは、学習した基礎知識をグループワークにおいて活用し、定着させることも試みています。

　学問分野を問わずどの大学でも同じだと思いますが、大学入学後に一番はじめに学ぶ導入科目は、必ず単位を修得しなければならない必修科目であることが多いです。大学に入り好きな学問分野が学べると期待を抱いている新入生にとって、選択の余地のない必修科目として当該分野のベースになる基礎知識を覚えることは、受験勉強の延長のようで面白みがなく、退屈に思えてしまうかもしれませんね。

　また、1年生の必修科目で基礎知識を覚え、定期試験をクリアし単位を取ったにもかかわらず、専門分野に進んだときに、「あの科目で学んだはずなのに、覚えていない」という状況に陥ってしまうことがよくあります。せっかく学んで覚えたのに、使わないから忘れてしまうのはもったいないですね。

　このテキストでは、詰め込み式に知識を覚えるのではなく、実際の経済事象の謎を解くため、あるいは問題解決を考えようと仲間と議論するために、現実に活用できる知識を得てもらいたいと考えています。そのため、なるべく学生のみなさんの身近にある問題、明日にでも起こりうるような具体的な題材を用意するよう心がけました。また学んだ基礎知識をすぐその場のグループワークで活用することで、こうした知識をすぐに自分のものとする

ことができるようになります。

　各章には学習する内容に基づいて事前学習やワークが設定されています。受講生は、①授業を受ける前に事前学習を行い、②授業中に3人から4人で1つのグループを作り、③ワークに対する個人の考えをまとめてグループで共有し、意見を交換します。学習した内容をグループワークで実際に使うことで、知識の定着をはかることができるだけでなく、経済学への興味関心がいっそう高まることになるでしょう。

⑵　テキストの使い方

　次に、このテキストを使った学習の仕方を示しましょう。次の表をみてください。授業前、授業中、授業後の3つに分けて説明します。

テキストの使い方

授業前	①テキスト予習　　②事前学習
授業中	①ワーク（事前学習の共有・意見交換）　　②講義 ③ワーク（授業内容の確認・応用）
授業後	①事前学習シートとワークシートの提出

　毎回の授業では、テキストを1つの章ずつ進めます。

　授業前には、該当する章を読み、事前学習を行ってください。事前学習はテキストの内容に関わるものであったり、関連することを調べるものであったりします。テキスト予習と事前学習により、事前に講義内容を一度は考えることになるので、講義を受けた時にはより明快にその内容が理解できます。

　授業中には、各自で行った事前学習をグループメンバーと共有し、さらに時間があれば意見を交換します。これにより、自分がよく理解していること、理解が不十分なことなどを意識して、教員の講義を聞くことができます。講義では、テキストを読んでいることを前提に、教員が重要なポイントを話します。その後、学習した基礎知識をグループワークで活用します。ワーク課題を考え、グループのメンバーと共有し、意見交換をすると、自然と必要な知識も定着し、経済学を学ぶことが面白くなるでしょう。グループ

のメンバーから意見を聞くことで、視野が広がることにもなります。

授業後には、授業前の事前学習を行う「事前学習シート」と、授業中のグループワークの内容を書く「ワークシート」を提出します。

事前学習、ワークに積極的に取り組んで、グループで意見交換をしながら経済学の基礎を学び、経済学の基礎知識が役立つことを学んでください。

採用する先生へ
──サポート教材とこのテキストを
　　活用するためのヒント

こうした授業を可能にするために、本書を採用する先生のために、さまざまなサポート教材を用意しています。

・講義用スライド（パワーポイント）
・テキスト内の事前学習とワークを行い、提出するためのシート（事前学習シートとワークシート）
・事前学習、ワーク、発展課題についての解答例やワークの仕方・ヒントをまとめたインストラクターズ・マニュアル
・オンライン小テスト

私たち執筆陣は2020年春、コロナ禍で一気に進んだオンライン授業において、本書の草稿をもとに実際の授業を行いました。大きな予定変更もなく必修科目500人、教養科目400人のオンライン授業を5人の担当教員で行うことが可能だったのは、このテキストのために用意したたくさんのワークや事前学習課題、講義用スライドがあったからでした。

もちろん、執筆を始めた2019年当初は、オンラインでのグループワークを念頭に置いたものではなかったため、対面のグループワークで期待していたものとは違う効果も生まれました。5クラス（必修4クラスと教養1クラス）5人の教員および執筆陣も含めて、毎回授業が終わるごとにミーティングを行い、良かった点や改善点をフィードバックしあうことで、オンライン授業に最適なワークとは何か、どんな点に気をつけて講義を切り盛りしていったら効果的かなど、知見を得ることができました。

　詳細は各章のインストラクターズ・マニュアルにありますが、ここでは少しだけ、ワークを使った授業を行う際の留意点を記しておきます。

　第1に、オンライン授業でもリアルな対面授業でも、講義だけをしていたときよりも、グループワークをする分だけ講義時間が短くなります。おそらく講義の時間は2分の1か3分の1になると考えたほうがよいでしょう。それにより、学生にテキストの内容が十分に伝わらないのではないかと心配するかもしれません。しかし、講義の時間が短くなる代わりに、学生は予習としてテキストを読むことになり、事前学習とワークをする分だけ、学んだ知識を活用でき、知識が定着することになります。

　第2に、学生が授業前の予習をしてくるのか、授業中のグループワークでは雑談をするのではないかなど、不安要素はありますが、授業形態に学生が慣れるまでは教員にも我慢が必要です。学生がいったん事前学習とワークに慣れれば、スムーズに授業が進むようになります。

　第3に、教員が学生の学習状況を確認する2つの方法を示しましょう。1つ目は、授業後に提出する事前学習とワークの2つのシートです。これにより、授業への取り組み状況が確認できます。2つ目は、各章の学習の確認を意味するオンライン小テストを実施することです。これにより、学生の基礎知識の理解度を確認できます。

　このテキストには講義用スライド（パワーポイント）、事前学習とワークのシート、インストラクターズ・マニュアルも用意していますが、先生方も、テキストの内容をさらに工夫して、グループワークを活用した学生の主体的な学習をいっそう進めてください。

謝辞

　Zoomによるオンラインで授業を突如始めることになった2020年、無事にオンラインでのアクティブ・ラーニング型授業ができたのは、そもそも、アクティブ・ラーニングに対応できるテキストを作ろうとしていたからです。それをさかのぼれば、約20年前から必修授業で共通試験問題を取り入れたり、12年前には共通テキストを作ったりするという取り組みがありました。こうした長年の教員の組織的な取り組みに支えられて、本書は無事に刊行までこぎつけることができました。

その意味で、これまでのテキストの執筆や企画に携わった多くの先生、またそのテキストを使った授業を続けてきた多くの先生に感謝します。

　今回も、執筆した先生だけでなく、多くの先生方に協力していただきました。特に、橋元秀一、髙木康順、水無田気流、大西祥惠、杉山里枝、金子良太、細谷圭、櫻井潤、藤山圭、木村秀史（順不同、敬称略）の先生方には、同僚を代表してお礼を申し上げます。

　加えて、Zoomでのグループワークの様子を参観することを國學院大學経済学会学生委員会のメンバーにお願いしました。受講生と同様に授業を聴講し、グループワークにも参加することで、学生目線に立って改善点、注意点について指摘してくれました。参観学生の黒澤京子さん、後藤大輝さん、上川拓真さん、太田知歩さん、長岡咲季さん、羽賀優太さんに感謝します。なお、こうした活動は國學院大學「令和2年度学部共同研究費」を受けた研究の一部になります。

　また本書の作成に2年間にわたり関わり、何度も何度もミーティングに参加し、本書を上梓する機会をくださった東洋経済新報社の茅根恭子さんに心よりお礼を申し上げます。

　2021年1月8日

根岸　毅宏
中泉　真樹

目　次

大学生のみなさんへのエール──はしがきにかえて　iii

第1章　経済って何？　1

1 1　「経済」って何？ ……………………………………………………2
　　(1)　サービスの生産？　4
1 2　単純な経済循環の図 ……………………………………………5
　　(1)　お父さんやお母さんは「家計」と「企業」の
　　　　どっちに属しているの？　6
1 3　より複雑な経済循環の図 ……………………………………8
　　(1)　市場でつながる経済循環　8
　　(2)　生産要素　9
　　(3)　企業間の取引　11
　　(4)　政府　12
1 4　経済学とは？ ……………………………………………………14

第2章　市場経済って何？　17

2 1　市場の役割って何？ ……………………………………………19
　　(1)　不思議？　それとも、あたりまえ？　19
　　(2)　経済循環と市場　20
　　(3)　市場経済と計画経済　21
2 2　市場の働き＝市場メカニズムとは？ ……………………22
　　(1)　需要と供給──経済を理解するためのキーワード　22
　　(2)　市場メカニズムとは？　23
　　(3)　いろいろな価格の動きを説明するには？　27
　　(4)　価格の意味とは？　30
　　(5)　疑問はありませんか？　31

第3章 # 市場経済の長所と短所は？ 33

3 1 ## 市場経済の長所 ··· 35

3 2 ## 市場の失敗とその原因 ······································· 36
- (1) 外部不経済 37
- (2) 公共財 37
- (3) 独占・寡占（不完全な競争） 38
- (4) 情報の非対称性（情報の偏在） 39
  - 【コラム】レモン原理とは？ 40
  - 【コラム】金融危機 41

3 3 ## 市場経済と私たちの生活の平等性（格差問題）······· 42
3 4 ## 市場経済における政府の役割 ···························· 43

第4章 # 経済の大きさって？ 47

4 1 ## GDPって何？ ··· 49
- (1) 経済の大きさを測るには？　循環図に注目しよう！ 49
  - 【コラム】日本のGDPの大きさは？ 50
- (2) 名目GDPと実質GDP 51

4 2 ## GDPから計算できるもの
── 1人当たりGDPと経済成長率 ······················ 55
- (1) 1人当たりGDP 55
- (2) 経済成長率 58
  - 【コラム】対数目盛 60

第5章 # GDPって
どのように決まるの？ 61

5 1 ## GDPの計算 ··· 62
- (1) 生産とは付加価値の生産である 63
- (2) 付加価値の合計としてのGDP 64
- (3) 最終生産物の合計としてのGDP 65

5 2 ## GDPの大きさを決めるのは何？ ························· 69
- (1) 需要（支出）側の要因 69

　（2）　供給（生産）側の要因　71
　（3）　需要（支出）側から見た最近の日本経済の動き　73

第6章　# 企業って何をしているの？　79

6 1　## 企業とは何か …… 80
　【コラム】企業の種類　81
　（1）　技術的変換　82
　（2）　付加価値　83

6 2　## 付加価値発生のメカニズム …… 84
　（1）　田中将大選手の年俸の話　84
　【コラム】サンフランシスコ発のアパレルブランド
　　　　　　「Everlane（エバーレーン）」　85
　（2）　企業の能力──リソース・ベースト・ビュー　87
　（3）　企業の位置取り──ポジショニング・ビュー　88
　【コラム】ニッチ　89

6 3　## 最後に …… 90

第7章　# 会計って何のためにあるの？　95

7 1　## 会計とは何か？ …… 97
　（1）　経営成績　97
　【コラム】機会費用と損益計算書　98
　（2）　財政状態　99
　【コラム】PayPayは赤字だが　100
　（3）　貸借対照表と損益計算書とのつながり　101

7 2　## 財務会計と管理会計 …… 102
　（1）　財務会計　102
　（2）　管理会計　103

7 3　## まとめ …… 104
　【コラム】税理士と公認会計士　105

第8章 雇われて働くって どういうこと？ 109

8 1 市場経済の原理の復習 ……………………………………………… 111
8 2 労働市場を需要と供給の視点から考える ………………… 112
8 3 労働力の本質と労働市場での売買 …………………… 113
　　【コラム】労働力の売買はDVDのレンタルに似ている!? 113
8 4 労働市場崩壊の危機への政府の対応 …………………… 115
　　【コラム】イギリスにおける資本主義と労働組合の確立
　　　　　　── 16世紀から1906年までの歩み 116
　　【コラム】古典的名著に見る産業革命後の労働者 117
8 5 労働力の質や量は、どうやって決まる？ …………… 118
　　【コラム】産業別組織か企業別組織か 119

第9章 雇用や働き方は どう変わる？ 123

9 1 日本的雇用慣行の特徴 …………………………………………… 124
　　⑴ 終身雇用 125
　　⑵ 年功賃金 125
　　⑶ 企業別組合 125
9 2 日本的雇用慣行の成立とそのメリット ……………… 126
9 3 不況の長期化と日本的雇用慣行の見直し …………… 127
9 4 労働力人口の状況 ………………………………………………… 129
9 5 若者の雇用について …………………………………………… 131

第10章 お金の面から 経済を見ていこう！ 137

10 1 貨幣はなぜ存在するのだろう？ ………………………… 138
　　【コラム】もし貨幣が存在しなかったら 139

10 2 貨幣って現金だけ？ …… 141
10 3 なぜ金融は必要なのか？ …… 142
10 4 金利って何？ …… 143
10 5 誰がお金を貸してくれるの？
——間接金融：銀行の仕事 …… 144
10 6 誰がお金を貸してくれるの？
——直接金融：証券会社の仕事 …… 146
【コラム】企業の資金調達の実際　148

第11章　日本銀行は何をしているの？ 153

11 1 日銀の仕事①——金融機関のための銀行業務 …… 154
11 2 日銀の仕事②——政府のための銀行業務 …… 156
11 3 日銀の仕事③——金融政策を通じた物価安定 …… 157
11 4 日銀はどうやって物価や景気をコントロールしているの？ …… 158

第12章　政府って何をしているの？ 165

12 1 政府の３つの役割 …… 168
(1) 政府の役割その①——市場の失敗の是正　168
(2) 政府の役割その②——所得の再分配　169
【コラム】累進的な税制とは？　170
(3) 政府の役割その③——景気の安定化　171
12 2 国の一般会計予算 …… 173
12 3 国の財政の現状 …… 174
(1) 一般会計における歳出構造の変化　175
(2) 累積債務の存在　176
【コラム】政府の政策——「Society 5.0」の例　179

第13章　世界とのつながりから日本経済を見てみよう！ 183

13 1　日本経済と貿易 ……………………………………………… 185
13 2　輸出入が行われる理由 ……………………………………… 186
13 3　貿易障壁と関税 ……………………………………………… 187
13 4　自由貿易と保護貿易 ………………………………………… 188
13 5　為替相場（為替レート）とは ……………………………… 189
13 6　円高や円安って何？ ………………………………………… 190
13 7　円高や円安が日本経済に及ぼす影響 ……………………… 191
13 8　円高の歴史と輸出産業の苦境 ……………………………… 192
13 9　日本企業が海外進出する理由 ……………………………… 193
13 10　変わる日本企業の海外生産動機 …………………………… 194

第14章　歴史からも経済は学べるの？ 201

14 1　日本経済の150年を振り返る ……………………………… 202
14 2　近代日本の成立と日本経済（1868〜1945年）…… 203
　　(1)　明治初期の日本経済　203
　　(2)　日本における「産業革命」　204
　　(3)　戦間期から戦時期へ　205
14 3　戦後日本の経済発展（1945〜2020年）………… 205
　　(1)　戦後の民主化と経済復興（1945〜1950年代半ば）　205
　　(2)　高度経済成長期（1950年代半ば〜1970年代半ば）　207
　　(3)　安定成長からバブル経済へ
　　　　（1970年代半ば〜1990年代初頭）　208
　　　　【コラム】プラザ合意とは？　208
　　(4)　バブル崩壊から長期不況（平成不況）へ　209
14 4　歴史から経済を学んでみよう …………………………… 211

索引　215／編著者・執筆者紹介　221

第1章
経済って何？

　「経済」という言葉を聞いて、みなさんは何をイメージしますか。会社、銀行、株式、円、ドル、ICT（情報通信技術）、AI（人工知能）、インターネット、スマホ（スマートフォン）、資本主義、社会主義、グローバリゼーション、米中貿易摩擦、サブプライム・ローン問題、世界同時不況、東日本大震災によるサプライチェーンの麻痺、アベノミクス、目標物価上昇（インフレ）率2％、少子高齢化、財政赤字、消費税増税、TPP（環太平洋パートナーシップ協定）、貧困、所得格差、フリーター、ニート、地球温暖化、シェールガス革命、食料自給率の低下、先週の日曜日に原宿で洋服を買った、中華のお店でアルバイトを始めた、……。こんなふうに「経済」や「経済問題」（問題とは、私たちにとってよくないこと、解決や改善が必要なこと）に関連してくる言葉は、難しそうなものから簡単なものまで、また、みなさんの生活と関係なさそうなものからありそうなものまで、実に数えきれないくらいあります。しかし、いざ「経済って何？」と質問されると、そう簡単には答えられないのではないでしょうか。そこで、「最初はできるだけ単純に考えるけれど、大事なところは無視しない」という姿勢で、「経済とは何か」を考えることにしましょう。同時に「経済は循環するものであること」を学び、経済の全体像をイメージできるようになりましょう。

本章の目標

1. 「経済って何？」という問いにハッキリと答えることができるようになる。
2. 「経済」を経済循環の図によって理解する。
3. 経済の全体像を把握する。（多くの）経済問題の本質を理解する。

事前学習

(1) 日常生活を振り返りながら、あなたの経済活動の中で消費活動に関連するものを3つ以上、生産活動に関連するものを3つ以上、それぞれ列挙してみましょう［ヒント：わからなければ(2)の例を参考にすること］。

(2) 次の活動が生産と消費のどちらにあてはまるか、分類してみましょう。

① 女子学生が友達と一緒にアニメの推しキャラのグッズを買う。

② グーグルが自動運転の自動車を生産する。

③ レンタカー会社から車を借りて、友達と海にドライブに行く。

④ Jポップが大好きなお母さんが、あるバンドのコンサートに行く。

⑤ お笑いタレントがライブでコントを披露する。

⑥ 風邪をひいたので診療所に行く。

⑦ 映画評論家が評論のために映画鑑賞をする。

⑧ 旅行代理店が海外旅行のツアーを組む。

ワーク
1

事前学習(1)と(2)の結果をグループで共有し、迷ったのはどれかなど、お互いに検討してみましょう。

1　1　「経済」って何？

事前学習とワーク1では、日常生活を振り返って、私たちの経済活動を生

産と消費に分けて考えてもらいました。では、あらためて以下の問いについて考えてみてください。

(1)　私たちは毎日、ご飯を食べ、洋服を着て、電車やバスに乗り、インターネットからスマホなどにダウンロードした音楽を聴いたりもする。これらの活動に共通しているのは何だろうか。
(2)　コンビニエンスストア（コンビニ）に行くとたくさんのモノが売られている。それらはいったいどうしてそこにあるのだろうか。
(3)　みなさんのお父さんやお母さんの多くは働いているし、みなさんもアルバイトなどをしている。こうした労働（働くこと）に共通していることは何だろうか。

　私たちは毎日何かを食べたり、何かを使ったりして生活しています。そうしなければ生きていくことができないし、おいしいものが食べたい、楽しいことがしたいといった欲求を満たせないからです（もう、みなさんは大切なことに気づいたと思います。私たちにとって最も深刻な「経済問題」の1つが「生きていけない」ことです。貧困問題はその典型です）。そうした私たちの活動には(1)でとりあげたもの以外にも、いろいろな種類があります。こうした私たちの活動をひとまとめにして**消費**と言います。私たちは消費をすることで生きている、あるいはただ生きていること以上に満足を得ることができるのです。少し大げさに言えば、消費は私たちの幸福（経済学では**効用**と言います）の源なのです。そして、消費というキーワードが(1)の答えになります。

　しかし、もし私たちが消費するだけだったら社会はどうなるでしょうか。みんなでいっせいにコンビニやスーパーに出向き、手当たりしだい、商品を買って消費しましょう、そんな感じで社会のみんなが消費活動だけをするのです。ところが、私たちが消費するだけだと、いつか消費するものがなくなってしまいます。そうしたら私たちは生きていけません。満足や幸福もなくなってしまいます。さあ、どうすればいいでしょう。

　もうわかったと思います。私たちの生活のためには消費するもの（たくさんの種類があります）が作られなければならないのです。この「作る」という活動のことをひとまとめにして**生産**と言います。(2)の答えはあっけないよ

うですが、「生産されてそこにあるから」となります。

　しかし、生産活動は手品ではありません。生産活動には何かが必要です。何でしょうか。そう、生産にとって不可欠なものの1つが**労働**です（もちろん、労働だけではありません。詳しくは後で説明します）。これからどんなにAIが発達しても、すべての仕事をAIがやってくれるというわけにはいかないでしょう。世の中には実にたくさんの職業がありますが、いずれも何かの生産に関わっています。「労働はいろいろなモノの生産にとって不可欠である」というのが(3)の答えの1つです。私たちは消費するだけでなく、労働を通じて生産活動にも関わっています。

　このように私たちの生活が消費と生産という2つの活動によって支えられていることがわかりました。そこで「経済とは何か」という質問には次のように答えることができるでしょう。

「経済」とは「私たちの生活を成り立たせている消費と生産という2つの活動のこと、あるいは、消費と生産という2つの活動をまとめたもの」である

　ここで「まとめたもの」と言いましたが、これは消費と生産がきちんとつながらないと私たちの生活が成り立たないという意味です。たとえば、おコメ（スマホでも車でも同じことが言えます）がたくさん生産されているのに、おコメを必要とする（消費したい）人がおコメを消費できていないとすれば困りますね。「経済」を完全に理解するには消費と生産がどのようにつながっているかを見る必要があります。以下では順番にそのことを考えていきましょう。その前に少し寄り道です。

⑴　サービスの生産？

　ここで使っている「消費」や「生産」という言葉（概念）で表される経済活動にはいろいろなものが含まれます。私たちは、食料品などのモノを消費するだけでなく、理髪店や美容室で髪をカットしてもらったりもします。しかし、カットという活動はモノではありません。みなさんは大学教育を受けるという消費活動をしていますが、これにも形がありません。このような形のないものを**サービス**と言います。理髪店や美容室でカットしてもらうのはサービスの消費であり、理髪店や美容室からみればサービスの生産です。経

済学では、モノやサービスをまとめて**財・サービス**（あるいは単に財）と呼びます。また、企業の経済活動には、たとえば地方にある工場から都心のコンビニやデパートなどへトラックで商品を運ぶ仕事や、コンビニやデパートなどで商品を販売する仕事（ひとまとめにして「流通」と言います）もあります。銀行などのように「お金」を預かったり貸したりする仕事もあります（これは「金融」と呼ばれる経済活動の1つです）。企業の広告や宣伝をする広告会社（広告代理店）などの仕事もあります。これらの仕事はすべて（広い意味での）生産に含まれます。現実の経済では、単にモノが生産され消費されるだけではなく、流通、広告、金融などを含む実に多様で複雑な活動が営まれているのです。しかし、それらを大きく分けて考えれば、基本的な経済活動は消費と生産であり、だから、消費と生産の2つの活動をまとめたものを経済と言うことができるのです。

① ② 単純な経済循環の図

　消費と生産がどのようにつながっているのかを見るための準備として、**家計**と**企業**を登場させましょう。労働を提供し、消費活動をする人々のことを「家計」と呼び、生産活動をする人々や組織を「企業」と呼ぶことにします。「家計」とは、みなさんの家（家族、家庭）の集まり、「企業」とはみなさんのお父さんやお母さんが働きに行く会社など（会社ばかりではありませんので、ここでは広い意味でとらえてください）の集まりと思ってください。すると、「経済」とは「家計と企業という2つのグループによる活動の全体」と言い換えられます。

　では、消費と生産、あるいは、家計の活動と企業の活動がどのようにつながっているのかを見ていきましょう。図1.1を見てください。この図のことを**経済循環の図**と呼びます。この図はこれからの学習の基礎となるものなので、しっかり頭の中に焼き付けてください（この図の考え方さえ理解できれば、もっと複雑な話も理解できるようになります。それについては1-3節の「より複雑な経済循環の図」で学んでください）。

　実線①は、企業で生産された財・サービスが家計に向かい、そこで消費されることを表す線です。家計の一員である私たちは、それらの財・サービス

を買うことになりますし、企業は売ることになります。点線②は、家計が企業へ「お金」を支払うことを表す線になります。

　では、その「お金」を家計はどうやって手に入れるのでしょうか。お父さんやお母さんが企業で働くから、つまり、企業に労働を提供するから「お金（給料）」をもらえるのです。実線③は、家計から企業に労働が提供されることを示し、点線④は、企業から家計へ「お金（給料）」（経済学の用語では**賃金**）が支払われることを意味します。③と④を企業の立場で考えてみましょう。企業の生産活動にとって労働は不可欠です。企業は**労働**（経済学では「**労働力**」という言い方をすることもあります）を家計から買うことで生産活動を営むことができます。

　この図をよく見ると、実線（財・サービスと労働の流れ）と点線（お金の流れ）が、反対方向にぐるぐると回り続けていることに気づくはずです。この図に「経済循環」という名前が付けられているのはそのためです。このように生産と消費、あるいは、家計の活動と企業の活動が相互に関係し合いながら循環しているのが経済なのです。この循環がうまくいっているからこそ、私たちのくらしも成り立っています。

図1.1　最も単純な経済循環の図

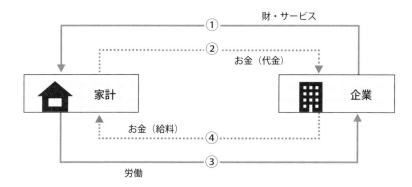

(1)　お父さんやお母さんは「家計」と「企業」のどっちに属しているの？

　こんな疑問がわきませんか。「お父さんもお母さんも会社で働いているけれど、労働って消費活動？　それとも生産活動？　お父さんやお母さんは家計と企業のどちらに属しているの？」

　最初の質問の答えは、もちろん、生産活動になります。どちらに属しているかという問いには、両方に属していると答えていいでしょう。つまり、お父さんやお母さんは家計に属していて、企業に労働を提供していると考えることができますが、同時に、お父さんやお母さんは企業の中で労働し、生産活動に携わっているのです。ここで大事なことは、家族経営の専業農家や自営業者の場合を除けば、「家計」の経済行動と「企業」の経済行動を、機能的には別々に考える必要があるということです。

ワーク 2

　　「経済循環の図」についての理解を深めてください。

(1)　大学の教室を思い浮かべてみましょう（いま、あなたが授業を受けているなら、まさに、その教室です）。教室にいる学生（のお父さん、お母さん）と教員、そして大学を、図1.1の経済循環の図の中に位置づけ（家計だろうか　企業だろうか）、それらの間にどんな流れ（実線と点線）があるかを具体的に説明してみてください。次に、コンビニの店内を思い浮かべて、同じことをやってみてください。まずは個人で取り組み、グループで結果を共有し、お互いに検討してみましょう。

　　家計か企業かに○をつけ、そのあと流れを表す番号に○をつけてください。

＜大学の教室では？＞
学生（のお父さん、お母さん）は　　　　　家計　企業
教員は　　　　　　　　　　　　　　　　　家計　企業
大学は　　　　　　　　　　　　　　　　　家計　企業
学生が授業（教育というサービス）を受けている　　①　②　③　④
教員が授業（教育サービスの生産のために労働）をしている
　　　　　　　　　　　　　　　　　　　　　①　②　③　④
学生（のお父さん、お母さん）が授業料を払っている
　　　　　　　　　　　　　　　　　　　　　①　②　③　④
教員が賃金を受け取っている　　　　　　　　①　②　③　④

<コンビニでは？>

お客は	家計	企業			
コンビニの店員は	家計	企業			
コンビニは	家計	企業			
お客が、たとえば、おにぎりを買う	①	②	③	④
店員が商品の在庫の管理や販売という仕事をする	①	②	③	④
お客がおにぎりの代金を払う	①	②	③	④
店員が賃金を受け取っている	①	②	③	④

(2) 図1.1の経済循環の図の①②が途絶える（あるいは流れが少なくなる）ことでどんな経済問題が起こるかを、具体例をあげて考えてみましょう。同じように③④が途絶える場合も考えてみましょう。

　　まずは個人で考え、グループで結果を共有し、話し合ってみてください。

① ③ より複雑な経済循環の図

　これまで学習した経済循環の図（図1.1）は、最も単純なものです。そこで、単純な経済循環の図を少しずつ複雑にし、現実の経済の姿に近づけていきます。この節での学習を通して、経済の全体像がイメージできるようになりましょう。

(1) 市場でつながる経済循環

　図1.2は、これまで学習した単純な経済循環の図と同じですが、市場という言葉（概念）を使って描き直してあります。これまでの経済循環の説明の中にも「買う」とか「売る」という言葉が出てきましたが、このように売ったり買ったり、あるいは、貸したり借りたりなどの取引の場のことを**市場**（しじょう）と呼びます（「いちば」と読んだらダメだよ！）。私たちは野菜や魚をスーパーマーケットで買ったり、洋服をデパートで買ったり、あるいは、ランチをファミリーレストランで食べたりします。インターネット上で何かを買うこともあります。これらの消費活動に市場という言葉は表れませんし、実際、私たちも市場というものを意識して消費をしているわけではありません。け

れども、経済学では、このような場合でも、私たちは「市場で野菜や魚や洋服を買った」、「市場でランチを購入して食べた」などと表現します。このことをはっきりさせるために図中に**財・サービス市場**を明示することにしました。また、お父さんやお母さんが企業に労働を提供し、賃金をもらえば、企業に労働（力）を売ったことになります。つまりそこには**労働市場**が存在する（成立している）ことになります。このことも図の中に明示しました。市場には売買（取引）が行われるところ（場所とは限らないことに注意）すべてが含まれます。次の第2章では、この市場がどのように機能して、家計と企業の活動をつなげるのかを詳しく学びます。

図1.2　市場によるつながりを明示した経済循環の図

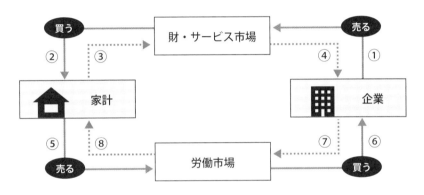

図1.2の見方は、図1.1の場合と変わりません。たとえば、家計が企業から何かを買って消費するという場合は、企業から財・サービス市場に向かう実線と財・サービス市場から家計に向かう実線をつなげます（①＋②）。それらと反対方向に走る2つの点線をつなげれば（③＋④）、それがお金の流れになります。家計が企業に労働を提供する場合は、家計から労働市場に向かう実線と労働市場から企業に向かう実線をつなげます（⑤＋⑥）。それらとは反対方向に走る2つの点線をつなげたもの（⑦＋⑧）がお金の流れになります。

(2)　生産要素

では、図1.2を出発点にしてより現実に近い経済循環の図を描いてみま

しょう。それが図1.3です。この図にたどり着くために、まずは、企業による生産活動に不可欠なものは労働以外にもあることを考慮しましょう。

　生産活動に不可欠なものを**生産要素**と言います。生産活動には、労働のほかに**資本**や**土地**などが必要であり、これらは代表的な生産要素です。ここで資本というのは、企業の工場や機械などのことだと思ってください。街のケーキ屋さんだったら、店舗とか店内の設備（ケーキを焼くオーブンとか）のことです。ただし、正確には、企業が工場や機械などを買う元手になる資金のことです。企業は工場を建てたり、機械を買ったりするためにお金を集めます。資金を誰から集めるかと言えば、家計からです。みなさんのお父さんやお母さんがある銀行に預金をし、その銀行がある企業にお金を貸す（**貸出**と言います。企業にとっては**借入**です）とします。企業はそのお金で工場を建てたり、機械を買ったりします。企業はお金を集めるために**株式**を売ることもあります。お父さんやお母さんがそれを買うとお金が企業に流れます。そのお金でも企業は機械を買えるわけですね。みなさんのお父さんやお母さんは、企業に労働を提供するだけでなく、間接的に工場とか機械も提供していることになります（⑤＋⑥）。資本の場合、家計から企業へつながっていく実線の矢印は、実はお金の流れになるので少しわかりにくいですが、よく考えれば理解できると思います。では、反対方向の点線の矢印（⑦＋⑧）

図1.3　より複雑な経済循環の図

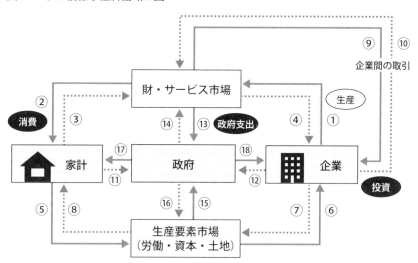

は何でしょう。お父さんやお母さんは、労働することで賃金をもらいますが、預金すれば**利子**をもらえるし、株式を買うことで**配当**をもらうことができます。実は、このあたりの経済活動が**金融**という分野であり、詳しくは第10章で勉強します。なお、土地の場合は、企業に土地を貸す人（家計）を考えればわかりやすいでしょう。土地をもっている人が企業に土地を貸す場合、その見返りとしてもらえるお金が**地代**です。

　以上のことを踏まえ、図1.2にある労働市場を**生産要素市場**に置きかえることにしましょう。

(3)　企業間の取引

　企業は、工場や機械、原材料や部品、石油などの燃料を自社では作らず、別の企業から買うのが一般的です。どこかの企業の製品の部品を作っている企業も、別の企業からその部品を作るための部品を買っていることが多いのです。街のケーキ屋さんなら、お店の改装を建設会社に依頼するし、ケーキの材料となる小麦粉は製粉会社（あるいは小麦粉の卸売会社）から仕入れます。図1.3には、こうした**企業間の取引**も描かれています。企業が別の企業から何かを買うという場合は、売る側の企業から財・サービス市場に向かう実線（①）と財・サービス市場から買う側の企業に向かう実線（⑨）をつなげます（①＋⑨）。それらと反対方向に走る2つの点線をつなげれば（⑩＋④）、それがお金の流れになります。ただし、図の上では売る側の企業と買う側の企業の区別がないので注意しましょう。

　企業間の取引と言われてもみなさんには実感がわかないかもしれません。私たちが（家計としてあるいは消費者として）直接買うものを生産し販売している会社、つまり、「お客さんは私たち」という会社の名前は知っていても、「主要なお客さんは会社」という場合、会社の名前は意外と知らないのではないでしょうか。でも、それはとても損なことです。いざ就職活動をするとき、「お客さんは会社」という会社の中にはかなり魅力的な会社がいっぱいあるのに、そういう会社を訪問する機会を失うからです。もっともっと視野を広げましょう。この機会にどんな会社があるか、調べてみましょう（実はCMなどもヒントになります）。

　さて、こうした企業間の取引はおおまかに2つに分けることができます。企業が生産活動に必要な、新品の、あるいはその年に生産された機械（耐久

性のあるもの）を買ったり、工場を建設したりすることを**投資**と呼び、原材料や部品、燃料などを買うこと（これを**中間投入**と言います。詳しくは第5章で学習します）とは区別しましょう。もちろん、家計による消費とも区別して考える必要があります。図1.3にはこのことを強調するために投資を明記しました。

　なお、資本や投資という言葉は、これからの学習の中で、違った意味で使われることもあるので注意しましょう。

⑷　政府

　図1.1や図1.2などの単純な経済循環の図では、国や県、市町村などの経済活動は描かれていません。でも、そうした**政府**の経済活動も非常に重要です。図1.3の真ん中には、政府が描き込まれています。

　政府は、家計や企業からお金を集めます（税と呼びます）。それは家計や企業から政府へと直接向かう点線で描かれています（⑪と⑫）。そうやって集めたお金を使って政府は企業にたとえば道路や橋を造ってもらいます（それが公共事業です）。これは企業から財・サービス市場を経て政府へと向かう実線で描かれます（①＋⑬）。反対方向の点線を結べば、それがお金の流れです（⑭＋④）。また、政府はたとえば警察官という労働（力）を家計から買います。これは家計から生産要素市場（この場合は労働市場）を経て政府へと向かう実線で描かれます（⑤＋⑮）。反対方向の点線を結べば、それがお金の流れです（⑯＋⑧）。このように政府が財・サービスや労働（力）を購入するためにお金を支出することを**政府（の）支出**とか、**財政支出**と言います。政府は、企業に作らせた道路や橋を管理することで「交通の便利さ」を、また、警察官を雇用することで国民生活の安全を守るというサービスを、家計と企業に提供します。これらは政府から直接、家計や企業に向かう実線で描かれます（⑰と⑱）。では、内閣総理大臣はこの図の上でどう位置付けられるでしょうか。ぜひ、考えてみてください。政府の役割については第12章で詳しく学ぶことにしましょう。

ワーク3

　ワーク2の(1)を、今度は「市場」という言葉を使い、図1.3を使って行ってみてください。［ヒント：教室の中にも、コンビニの中にも、2つの市場があります！］まずは個人で取り組み、グループで結果を共有し、お互いに検討してみましょう。

ワーク4

　以下の取引を図1.3に明示して説明してください（①＋②などのようにどの矢印とどの矢印をつなげればいいか、番号で答えてください。ここではお金の流れは考えず、実線の流れで答えてください）。また、「何を生産しているか」も考えてみましょう。なお、このワークと次のワーク5は、仮想的な設定のもとで考えてもらいますが、すべて生々しい現実の話を反映した設定です。そこで、好奇心旺盛なあなたにお願いです。M銀行といえば、きっとあの銀行のことかな（あ、有名銀行、3つとも頭文字がMだったね）、ネット通信販売会社Aといえば、きっとア…のことかな、と想像してみてください。まずは個人で取り組み、グループで結果を共有し、お互いに検討してみましょう。

(1)　お兄さんがM銀行に預金し、ケーキ店Bは店の改装に必要な資金をM銀行から借りた。ケーキ店Bはお店の改装を建設会社Cに依頼した。お兄さんとは見ず知らずのDさんは建設会社Cの建設現場で汗を流して働いている。M銀行は何を生産しているのでしょうか（これは難問です。第10章を学んでから考えてもOKです）。

(2)　お父さんがネット通信販売会社Aを利用して『ボヘミアン・ラプソディ』のDVDを買った。ネット通信販売会社Aの依頼で宅配便会社YがDVDをお父さん宅に届けた。
　　ネット通信販売会社A、宅配便会社Yはそれぞれ何を生産しているのでしょうか［ヒント：AはDVDそのものを生産してはいません。また、お父さんは宅配料金を払っていません］。

ワーク
5

実は図1.3には海外との取引は描かれていません。しかし、グローバル化した経済で海外との取引を無視することはできません。家計や企業、あるいは政府が外国（アメリカとかEUとか中国）で生産された財・サービスを買えば、それは**輸入**です。これは、たとえば家計の消費には、外国で生産された分が含まれていることを意味します（この点はあたりまえのようですが、重要です）。逆に日本の企業が生産した財・サービスを外国の家計や企業あるいは政府が買えば、それは**輸出**です。そこで、以下のワークに取り組んでください。まずは個人で取り組み、グループで結果を共有し、お互いに検討してみましょう。

(1) 図1.3に外国の家計や企業あるいは政府をひとくくりにした**海外**という部門を作り、矢印付きの実線と点線を加えて（番号も付けましょう）輸出や輸入をうまく図示してみてください。

(2) 上の(1)で完成させた経済循環の図を使って以下の取引を説明してください。どの矢印をつなげるか、番号で答えてください。

（イ） 日本の自動車メーカーのT社が日本国内で製造した車をアメリカの家計が購入した。

（ロ） デパコス（デパートコスメ）大好きのお姉さんが東京の有名デパートでフランスの老舗の化粧品メーカーの生産した口紅を買った。

① ④ 経済学とは？

　この章では、経済とは何かを、日常生活を振り返ることから学んできました。消費と生産が、あるいは、家計の活動と企業の活動がどのようにつながっているかを表す単純な経済循環の図を現実に近づけ、金融市場や政府、海外部門も含む経済の全体像をイメージしてもらいました。そうした学習を通じて、実は、みなさんは経済学の研究方法をそのまま「体験」したことになります。「経済学とは？」という問いに容易に答えることは難しい（多様な答え方があるため）のですが、経済学という学問が私たちを悩ます経済問題

の原因を探り、解決策を導くための実践的な学問であることは間違いありません。しかし、現実の経済は非常に複雑で、さまざまな問題に取り組むにも、どこから手をつけていいかわからないというのが本当のところです。そこで経済学では、複雑な現実の中からまずは見逃してはならない大事な点を拾い出します。本章の冒頭で述べたように、「最初はできるだけ単純に考えるけれど、大事なところは無視しない」という姿勢です。単純な経済循環の図から始めて複雑な経済循環の図へと話を展開してきたのは、まさに経済学の手法に沿ったものだったのです。そうした手法によって経済学は、現実の経済を突き動かす要因の本質を明らかにします。私たちを悩ます問題の原因を究明し、解決策を探るのです（もちろん、これは困難をともなう大変な作業です）。そう思うとわくわくしてきませんか。

　では、いっしょに経済学の大海原へ船出しましょう！

発展課題

(1)　より複雑な経済循環の図を使って「経済問題」についてもっと深く考えてみましょう。ワーク5の(1)で完成させた、より現実に近い経済循環の図で、(a) 資本の流れが途絶えた場合、(b) 企業間の取引の流れが途絶えた場合、(c) 政府支出の流れが途絶えた場合、(d) 輸出や輸入の流れが途絶えた場合、のそれぞれについて、どんな経済問題が起こるか具体例をあげて考えてみましょう。どこかで流れが途絶えるとそれが経済全体（グローバル化した経済では、国内にとどまらず世界経済全体）にも影響し、もちろん、みなさんのくらしにも影響が出るかもしれません。

(2)　2020年、中国の武漢市から始まった新型コロナウイルス（COVID-19）の感染は、日本を含め世界に広がりました。この事態はグローバルな経済循環にどんな影響を及ぼすことになったのでしょうか。調べてみましょう。

第2章
市場経済って何?

　私たちが何かを買うときに、通常、1つ（1単位）に対して払うお金の額のことを**価格**と言います。そして、私たちは、いろいろなものに価格が付く社会に生きていて（もちろん、すべてのものに価格が付くわけではありませんが）、買う側からすれば、価格が安ければうれしいし、高ければうれしくありません。「そんなのあたりまえじゃん！」などと言われそうですが、この章ではそのあたりまえのことを少し深く追求します。

　2011年3月11日に起きた東日本大震災は、被災された方たちばかりでなく、被災をまぬがれた人々にも多大な影響をもたらしました。大震災によっていろいろなモノの価格が変化し、そのことが（被災された方たちをふくめ）私たちのくらしを少なからず変えた、という面も無視できません。たとえば、大震災の後、中古車の価格が高騰し、生活の再建にぜひとも必要な中古車のために被災者の方が思いもよらぬ出費を強いられる（「さびだらけで普通なら8万円程度の車が20万円」といった）事態が起きました。

　こんなふうに私たちのくらしを左右するいろいろなモノの価格は、いったい、どこで、どのように決まってくるのでしょうか。そして、価格は、どんな役割を果たしているのでしょうか。「どこで」に対する答えをひと言でいえば、「それが売買（取引）される**市場**で」となります。中古車の価格は中古車市場で決まってきます。つまり、大震災の後に中古車の価格が高騰した理由を詳しく知るには、中古車が売買（取引）されている中古車市場に目を向ける必要があります。

　みなさんは、日々のニュースで株式市場や外国為替市場という言葉を耳にしない日はないでしょう。私たちの住む世界にあるのは、こうした特別な市場だけではありません。私たちのくらしは実にさまざまな市場に大きく関わっています。「市場に支えられている」と言っても過言ではありません。上でとりあげた中古車市場もその1つです。

　日本の経済は市場経済として分類される経済です。この章と次の章では日本の経済を市場というものを通じて見てみましょう。本章では、主に市場の働きについて学習し、次章では、市場経済の長所と短所について学習します。

1. 需要と供給を調和させるという市場の働き（市場メカニズム）を理解する。
2. いろいろな価格の動きを市場メカニズムの考え方で説明できる。
3. 価格のもつ意味を理解する。

📖✏ 事前学習

　この章を読んで、以下の課題にしっかり取り組んでから授業にのぞんでください。

　大学図書館や大学図書館のホームページにあるデータベースを活用し、最近（1週間から2週間の）『日本経済新聞』朝刊（火曜日から土曜日）の「マーケット商品」のページを見てみましょう（紙面の一番上に「マーケット商品」とあるのですぐにわかります）。いろいろな商品の価格の動きについてのニュースがあるはずです。そこで、（なるべくあなたの知っている）商品の価格にどんな動きがあったか、その原因としてどんなことが指摘されているのか、調べてみましょう。また、あなたのくらしに「まわりまわって」どんな影響が出ると思うか、あなたの考えを述べてみましょう。商品についての知識が不足している場合は、自主的に調べること。

　なお、価格の動きに関するニュースは他の新聞でも調べることができるので、日本経済新聞以外の新聞を参考にしても可とします。また、できるだけ最近のニュースをとりあげてください。ただあなたが重要だと思った場合は、過去のニュースでも可とします。

記入例

新聞名・日付	商品	価格の動き	原因	あなたとの関わりについてのあなたの考え
日本経済新聞2020年1月31日朝刊	冷凍スルメイカ	卸値が2018年に比べて5割上昇	水温上昇などによってイカが不漁となった	いろいろなレシピで食卓にのるものなので、スーパーでの価格も上がったら残念

ワーク 1

　事前学習で調べてきたことをグループで発表しましょう。発表者以外の人は必ず質問したり、意見を言ったりしてください。

2 1 市場の役割って何？

⑴　不思議？　それとも、あたりまえ？

　第1章の最初にやってもらったことですが、みなさんにもう一度、次のことを考えてほしいと思います。私たちの日常生活においてなくてはならないものとなったコンビニエンスストア（コンビニ）ですが、そこで私たちは自分のほしいものをたいていは買うことができます。でも、考えてみてください。なぜ、ほしいものがコンビニにいつもあるのでしょうか。

　これに加えて考えてもらいたいのは、コンビニで売られているものは、そこに並べられるまでにどのような経過をたどったのか、ということです。売られているものが野菜や魚だったら、案外、想像しやすいかもしれませんね。でも鉛筆やノートの場合はどうでしょう。元々の原材料までさかのぼることは、意外と難しくありませんか。いろいろな財・サービスの生産には多くの原材料、部品、エネルギー、さらには、労働などの生産要素が必要ですが、これらを企業はどこで手に入れるのでしょうか。

　こんなふうに考えてみると、私たちの経済は実に多様な経済活動が複雑に絡み合って成り立っていることがわかると同時に、「そんな複雑な経済でも案外、うまく動いている」とは思いませんか。では、なぜ「案外うまく動いている」のでしょうか。

　たくさんの問いを発しましたが、どの問いに対しても、ひと言で答えれば「市場があるから」あるいは「市場の果たす機能によって」となります。つまり、コンビニという取引の場である市場が、また、私たち消費者にはなじみのない企業間の取引の場となる原材料や部品などの市場が、さらには労働などの生産要素の市場が、それぞれ、機能しているからです。まずは、この点を第1章で学習した経済循環の図に即して見てみましょう。

(2) 経済循環と市場

　私たちの経済活動は、大きく**消費**と**生産**の2つに分けることができることを第1章で学習しました。そこで出てきた**経済循環の図**を思い出してください。第1章の1-3節の冒頭部分をしっかりと読み返しましょう。以下には、念のために、第1章の図1.2を図2.1としてもう一度描いておきました。

　図中の**家計**は労働を提供し消費活動をする人々の集まりを、**企業**は財・サービスの生産活動をする人々の集まりを指しています。先ほどコンビニでの買い物にふれましたが、そこで販売されているものはどこかの企業が生産したものです。そしてそれを買い、消費するみなさんは、家計に属することになります。図2.1は、家計と企業の経済活動が財・サービス市場と労働市場を通じてつながっている様子を描いています。そして、コンビニという取引の場は、財・サービス市場の一角になります。

　「いつもほしいものがコンビニにある」のはなぜか、この図を使うと容易に理解できると思います。「いつもほしいものがある」ということは、私たちの買いたいものを企業が生産してくれている、つまり消費という家計の活動と生産という企業の活動がうまく調和しているということです。**消費と生産という2つの活動の調和は、私たちが幸せに暮らすために必要不可欠**です。このことは、ほしくも買いたくもないものが売られているお店ばかりの世界を想像してみればわかるでしょう。企業が家計または消費者のほしいものを生産するということ、また、その生産のために企業が必要な労働（力）を確保できる（家計の立場からみれば、働いて所得を得られるという機会が与えられる）ことは、私たちのくらしを成り立たせる経済循環にとってとても大

図2.1　市場によるつながりを明示した経済循環の図（図1.2の再掲）

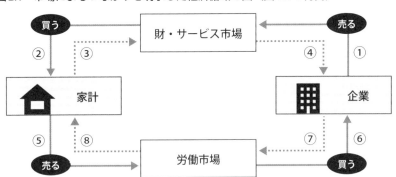

事なことです。そして、**市場の働きとは、そうした消費と生産の調和を、つまり、円滑な経済循環を実現させるもの**なのです。

　ここで大切なことをひとつ強調しておきましょう。それは、消費と生産の調和、つまり、円滑な経済循環のために、実にさまざまな市場が関わり、機能しているということです。単純な経済循環の図には出てこない、企業間の取引の市場もあれば、労働市場以外の生産要素の市場もあります。そうした多様な市場の中には、第10章で学習する金融に関係する市場（株式市場など）も含まれます。それらの市場が複雑に絡まりつつもうまく機能するからこそ、消費と生産の調和、つまり、円滑な経済循環が実現できる、と言えます。

(3)　市場経済と計画経済

　市場の働きとは、消費活動と生産活動を調和させるためのものであることを学びました。日本の経済は市場経済ですから、原則、私たち（家計）は労働者や消費者として働き方や消費の仕方を自由に決めることができますし、企業は財・サービスを自由に生産し販売することができます。たくさんの家計やたくさんの企業のそうしたバラバラな経済行動を市場の働きが調和させるわけです（その仕組みは以下の2-2節で学びます）。

　では、消費活動と生産活動を調和させる方法はほかにないのでしょうか。実は、計画によって消費活動と生産活動を調和させる方法があります。中央政府が何をどれだけ生産するかなどを事前に計画してそれを実行しようとする経済のことを計画経済と呼びます。**計画経済**の例としては、旧ソ連邦や改革開放前の中国などがあります。

　市場経済と計画経済では、どちらがすぐれていると言えるのでしょうか。結論を先取りすれば、「市場経済には計画経済に勝る長所がある一方で、短所もあり、だからこそ政府の役割も重要だ」となるでしょう。次章ではこの点を掘り下げて学習します。

表2.1　市場経済と計画経済

	市場経済	計画経済
消費と生産を調和させる方法	市場による調和	政府の計画による調和

2 2 市場の働き＝市場メカニズムとは？

(1) 需要と供給──経済を理解するためのキーワード

　では、市場はどのようにして消費と生産を調和させているのでしょうか。その話の前に、市場の働きを理解するための大事な言葉を覚えてください（たぶん、すでに知っているとは思いますが）。それは**需要**と**供給**です。では、以下の3組の用語は、それぞれどの用語とつながりますか。線で結んでみてください。

　簡単にできたと思います。「生産－販売－供給」、「消費－購入－需要」となりますね。すると、経済循環の図にある家計の消費活動は需要として、そして企業の生産活動は供給として理解することができます。つまり需要の背後には私たちの消費活動が、供給の背後には企業の生産活動があるのです。

　市場（たとえばコンビニ）では、さまざまなモノの需要と供給が出合っていることになります。そして、市場によって需要と供給が調和する、と言うことができます。

　さて、ここでは家計が消費する財・サービスを念頭におきましたが、市場による需要と供給の調和という表現は、あらゆる市場にあてはまります。その際、たとえば、**労働市場では家計が労働を供給し、企業が労働を需要する**ことに注意しましょう（図2.1で再確認、なお、労働市場には特別な性格があるため、第8章であらためて詳しく学習します）。さらに、「株式市場の場合は？」、「外国為替市場の場合は？」と応用範囲はどんどん広がりますが、あわてずに少しずつ、需要と供給、この2つの言葉を使えるようになりましょう。

(2)　市場メカニズムとは?

　需要と供給というこの2つの言葉を理解できましたか。では、需要と供給を調和させる市場の働きについて見ていきましょう。そこで、ある財・サービス(何でもいいです、あなたの好きな何か、たとえばタピオカドリンクでもOK)の市場を考えましょう。なお、以下では、ある財・サービスの市場を念頭に話を進めますが、ここでの考え方は、労働をはじめとする生産要素の市場にも、また、前述の株式市場や外国為替市場などにも応用できることを強調しておきましょう。

　では、まず、消費者の立場でなるべく単純に考えてください。この財・サービスの価格が高かったら、買う人の数や1人当たりの買う量はどうなるでしょう。買う人は少なくなるし、買う量も減りませんか。逆に、価格が安ければ、買う人が増え、買う量も増えますよね。需要という言葉を使って同じことを言い直しましょう。**「価格が高いと需要量が減り、価格が低いと需要量が増える」**と言い直せますね(ここでは正確を期すために**需要量**という言葉を使いました)。

　次に、企業の立場で考えましょう。高い価格で売れるなら、たくさん生産して売ることでいっぱいもうかりますね(利益が得られますね)。新たに生産を始める企業も現れるでしょう。逆に安い価格でないと売れないなら、生産量を減らしたほうが得策ですね。もうけが出なくなれば、生産をやめる企業も現れるでしょう。供給という言葉を使って同じことを言い直しましょう。**「価格が高いと供給量が増え、価格が低いと供給量が減る」**と言い直せますね(ここでは正確を期すために**供給量**という言葉を使いました)。

　ここで登場した「もうけ」や「利益」が何かは、みなさん、なんとなく知っていると思います。この段階では「なんとなく」でもいいですが、厳密には第6章で学びましょう。その際、第5章で学ぶ付加価値との区別が重要になります。

　さて、以上のことをしっかり頭に入れて、この財・サービスの価格が高い(高すぎる)場合に何が起こるか考えてください。需要量は少なく、供給量は多くなりますね。すると、供給量が需要量を上回って**売れ残り**(=供給量－需要量)が発生します。企業からみれば、その(高い)価格で売れると思ってたくさん生産したのに「あれ、売れないぞ!」ということになります。では、次に何が起こるでしょうか。今度は価格に注目します。売れ残りの理由

23

は価格が高いことにありました。「あ、売れないぞ！」と思った企業は価格を下げ始めるでしょう。つまり、価格の低下が起こります。価格が低下すれば、それに応じて需要量は前より増え、供給量は前よりも減ります。すると、売れ残り（＝供給量－需要量）が減って、やがてはゼロになる、つまり、供給量と需要量が等しくなるでしょう。

　今度は、この財・サービスの価格が低い（低すぎる）場合を考えましょう。需要量は多く、供給量は少なくなりますね。すると、需要量が供給量を上回って**不足**（＝需要量－供給量）が発生します。企業からみれば、その（安い）価格でしか売れないと思って少なめに生産していたのに「価格を上げても買ってくれるお客さんがいるぞ！」ということになります。そう思った企業は価格を上げ始めるでしょう。つまり、価格の上昇が起こります。価格が上昇すれば、それに応じて、需要量は前より減り、供給量は前よりも増えます。すると、不足（＝需要量－供給量）が減って、やがてはゼロになる、つまり、供給量と需要量が等しくなるでしょう。

　以上のように、需要量よりも供給量が多い（売れ残りの）場合には価格が低下し、供給量よりも需要量が多い（不足の）場合には価格が上昇し、いずれの場合も、やがて需要量と供給量が一致するようになります。この仕組みのことを**市場メカニズム**と言います。これこそが需要と供給を調和させる市場の働きなのです。

　では、さらに理解を深めるために、以上の話を「見える」形にしましょう（「見える化」しましょう）。そのために**需要曲線**と**供給曲線**を導入します。

　最初に、「**価格が高いと需要量が減り、価格が低いと需要量が増える**」という価格と需要量の関係を「見える化」しましょう。図2.2を見てください。図の縦軸は価格です。上にいくほど価格は高く、下にいくほど低くなります。図の横軸は需要量です。右にいくほど需要量は多く、左にいくほど少なくなります。この図で価格と需要量の関係を「見える化」すると、右下がりの曲線（図では直線ですが、一般的には曲線です）が描けます。縦軸から横軸へとたどってください。価格（図では「高さ」で表される）と需要量（図では横向きの「長さ」で表される）の関係を目で確認できましたか（**高い**とか、**多い**とかを目で見て確認してください！）。この曲線を**需要曲線**と言います。

　次に、「**価格が高いと供給量が増え、価格が低いと供給量が減る**」という

図2.2　需要曲線

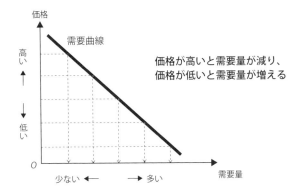

図2.3　供給曲線

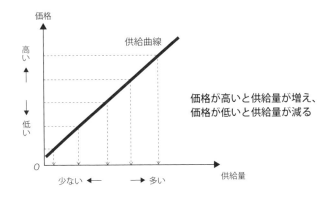

価格と供給量の関係を「見える化」しましょう。図2.3を見てください。図の縦軸は、図2.2と同じで価格です。上にいくほど価格は高く、下にいくほど低くなります。図の横軸は供給量です。右にいくほど供給量は多く、左にいくほど少なくなります。この図で価格と供給量の関係を「見える化」すると右上がりの曲線（図では直線ですが、一般的には曲線です）が描けます。図2.2のときと同じように縦軸から横軸へとたどってください。価格と供給量の関係を目で確認できましたか。この曲線を**供給曲線**と言います。

　それでは、図2.2と図2.3を合体させましょう。図2.4を見てください。この図で需要量と供給量をうまく一致させる価格を見つけてください。P^*ですね。価格がP^*のとき、需要量はQ^*、供給量はQ^*となって、需要量と供給量

が一致します。需要量と供給量が一致する状態のことを**市場均衡**、その場合の価格、つまり、需要量と供給量を一致させる価格 P^* を**均衡価格**、そして、均衡価格に対応する需要量＝供給量（一致するので＝で示しました）Q^* を**均衡取引量**と言います（これらの言葉は日常生活では使いませんが、経済学ではよく使われる基本的な専門用語です）。

では、市場均衡がどのように達成されるのかを、つまり、市場メカニズムをこの図を使って説明してみませんか。そのために同じ図をもう1つ描くことにしましょう（図2.5です）。

図2.5を使って以下のこと（「何々だから何々」という論理的な流れ）を確認しましょう。話の順番がとても大事なので、その点、注意してください。

図2.4　需要曲線・供給曲線と市場均衡

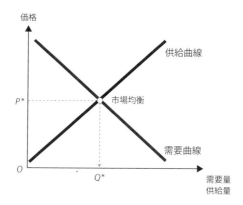

図2.5　需要曲線・供給曲線と市場メカニズム

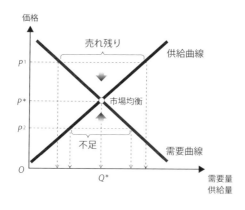

「価格が均衡価格より高い（P^1のような場合）」　→　「売れ残りが発生」
→　「価格が低下」　→　「需要量が増えて、供給量が減る。その結果、売
れ残りが減って、市場均衡に近づく」

「価格が均衡価格より低い（P^2のような場合）」　→　「不足が発生」　→
「価格が上昇」　→　「需要量が減って、供給量が増える。その結果、不足
が減って、市場均衡に近づく」

　どうですか。こんなふうに「見える化」すると、市場メカニズムをいっそ
う明確に理解できませんか。需要曲線や供給曲線の位置がわかれば、需要量
と供給量を一致させる均衡価格やそのときの取引量（需要量＝供給量）がど
んな値になるかまで「あいまいさなし」でわかってしまいます。

　でも、図とか見るのは苦手という人もいますよね。しかし、苦手だからと
言って避けていたら、すごくもったいないです。慣れがかんじんですよ！

(3)　いろいろな価格の動きを説明するには？

　事前学習とそれにもとづくワーク1では、いろいろな商品（財・サービス）
の価格の動きとその原因について調べてもらいました。そこで、そうした価
格の動きを、いま学んだばかりの市場メカニズムの考え方でうまく説明でき
るかどうか、チャレンジしてみませんか。

　前項(2)でとりあげたのと同じ財・サービス（あなたの好きな何か）の市場
で話を進めましょう。ここでの重要な点は、この財・サービスの需要や供給
が価格以外の要因（原因）によっても影響を受けるということです。これま
では「価格と需要量の関係（需要曲線）」と「価格と供給量の関係（供給曲線）」
だけに注目し、需要や供給を変化させるかもしれない他の要因には目を向け
ませんでした。しかし、需要や供給は価格以外の要因でも変化します。そう
した需要や供給の変化は、均衡価格や均衡取引量にどんな影響を及ぼすので
しょうか。

　この問題を考えるときに役立つのも、需要曲線と供給曲線の図です。で
も、少し工夫が必要です。ここで考えている財・サービスの供給が、価格の
変化（これまでの話をふまえれば、価格の低下）以外の要因で減るという場
合で検討してみましょう。タピオカドリンクであれば、タピオカの原材料の

キャッサバが害虫被害などで不作になるなどの要因が考えられますよね（タピオカのもとがキャッサバという芋だということ、知っていましたか）。価格の変化以外の原因で供給が減るということは、どんな価格の場合でも供給が減るということです（ただし価格が高いか安いかで減少幅は違うかもしれません。どうしてでしょう？）。このことは左への**供給曲線のシフト**（移動のことですが、経済学ではシフトと言います）で表せます。図2.6を見てください（図にすると見ただけでわかるでしょう！）

図2.6　供給曲線のシフト

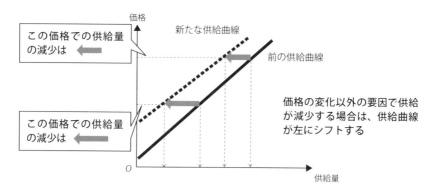

　同じ発想で、価格の変化以外の要因で需要が変化する場合も考えてください。タピオカドリンクへの人気が上がって、どんな価格でも前より需要が増えるという場合を図示してみましょう。図2.7のように、右への**需要曲線のシフト**で表すことができます。価格の変化以外の要因で供給が増加する場合や需要が減少する場合についても同じ発想で図示できるのでやってみてください。

　それでは、価格以外の要因による需要の変化はない（したがって、需要曲線のシフトはない）ものとして、図2.6のような供給曲線のシフトが市場均衡にどんな影響をもたらすかを調べてみましょう。需要曲線と供給曲線の図を使うと、一発で答えが出ますよ。図2.8をみましょう。図2.8は図2.6に需要曲線の図を合体させたものです。

図2.7 需要曲線のシフト

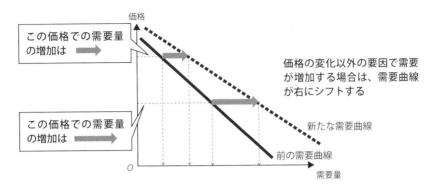

価格

この価格での需要量
の増加は ▶

価格の変化以外の要因で需要
が増加する場合は、需要曲線
が右にシフトする

この価格での需要量
の増加は ▶

新たな需要曲線

前の需要曲線

O   需要量

図2.8 価格以外の要因による供給の減少が市場均衡に及ぼす影響

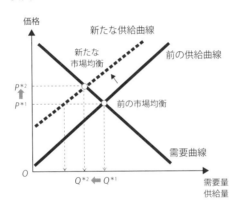

価格

新たな供給曲線

新たな
市場均衡

前の供給曲線

P^{*2}
P^{*1}

前の市場均衡

需要曲線

O Q^{*2} ◀ Q^{*1} 需要量
供給量

どんなことがハッキリしましたか。

「**価格以外の要因で供給が減少**」 → 「**これまでの価格（均衡価格）** P^{*1} **で
は需要量が供給量より多くなり、不足が発生**」 → 「**価格が上昇**」 →
「**不足が減って、新たな市場均衡（均衡価格は** P^{*2} **、均衡取引量は** Q^{*2} **）に
近づく**」

ズバリ、**価格以外の要因で供給が減ると均衡価格が上昇し**（$P^{*1} \rightarrow P^{*2}$）、
均衡取引量が減る（$Q^{*1} \rightarrow Q^{*2}$）ことがわかりました。新たな市場均衡での
価格や取引量がどんな値になるかまで明確にわかりますね。

これまでは価格以外の要因で供給が減る場合を検討しましたが、価格以外の何らかの要因で供給が増えることもあります。また、需要が増えたり、あるいは、減ったりする場合もあります。でも、どの場合でもここでの考え方を応用するだけだということ、わかりますよね。

　　ワーク1で発表しあった事例の中からグループとして1つの商品をとりあげ、その商品の価格の動きを市場メカニズムで説明できるかどうか、検討してみましょう。需要曲線と供給曲線をきちんと図示し、その商品の価格の動きが、需要曲線のシフトによるものなのか、供給曲線のシフトによるものなのか、よく考えてみてください。

(4) 価格の意味とは？

　ここまで市場メカニズムを使っていろいろな価格の動きをどのように説明できるか、検討してきました。ここでは、市場メカニズムによって決まってくる価格（の高さ）には、どのような意味あるいは意義があるのか、できるだけ素朴に考えてみましょう（難しく考えてはいけません）。

　もちろん、「需要量と供給量を等しくさせる」という価格の役割は重要ですが、それだけではないのです。価格が高くなるのは、ある財・サービスに対する需要が供給を上回るからですよね。これはつまり、価格が高いか安いかというのは、その財・サービスに対する社会的なニーズ（必要度）が高いわりに生産が容易でない（より多くの生産要素を必要とする、あるいは、それゆえに費用がかかる）かそれとも容易かということを反映しています。価格には、その財・サービスに対する社会的ニーズやそれを生産するための技術等に関するあらゆる情報が集約されているのです。個々の家計や企業は、そんな事細かな情報を知らないまま、ただ価格を見て消費や生産をどうするかを決めます。価格さえわかれば、あとは無知でもいいのです。不足しがちな財・サービスの価格は高くなり、価格が高ければ、そのものが不足している事態（そうした事態に関する細部情報）を知らなくても家計は節約をし、企業は生産を増やそうとします。それが可能となるのは、不足という事態が

価格の高さに反映されるからです。実は、これこそが市場経済において価格がもつ重要な意義なのです。これって、よく考えればたいしたことはないのですが、この大事なことにおそらく最初に言及した人（フリードリッヒ・ハイエク）は、なんとノーベル経済学賞を受賞しています！（すごくない？）

(5)　疑問はありませんか？

　これまで、(2)項で市場メカニズムについて学び、(3)項では、いろいろな価格の動きを市場メカニズムの考え方で説明することをやってみました。ここでちょっと立ち止まりましょう。確かに市場メカニズムの考え方を使うと、現実に起きているいろいろな価格の動きをうまく説明できます。でも、そうでない場合も多くありませんか。そこで、以下のグループワークをやってみましょう。

ワーク
3

　価格の決まり方について、この授業を聞く前まで「こういうことかな」と思っていたことと、今回の市場メカニズムによる説明との間に違いがあるとすれば、それはどんなことか、率直に意見を述べあってみてください。たとえば、「企業は自社製品の価格を独自に決めているのでは？」とか「携帯電話の料金はもっと複雑だよね」とか、思ったことを出し合ってみましょう。そして、あなたの意見やほかの人の意見をまとめてみましょう。

　実は、(2)項で説明した市場メカニズムがうまく働くにはいくつかの前提があります。それは、①市場での取引に参加する買い手と売り手がどちらもたくさんいる、とか、②その市場で取引される財・サービスはどれも同じ（タピオカドリンクなら、どのお店も味とか容器とかが同じ）、といった条件です。残念ながら、こうした条件が厳密にあてはまる市場はそう多くはありません。たとえば企業数が少なければ、個々の企業は独自に価格を決めることができるようになるかもしれません。だからこそ、同じ市場（業界）でもいろいろな企業によるいろいろなタイプの価格付けが登場するのです。その結果、社会全体で見て好ましくないことも起こります。この点は次章でも触れ

ますが、本格的には、より専門的な科目、ミクロ経済学の応用分野の産業組織論や経営学分野のマーケティングなどで学ぶことにしましょう。

発展課題

　ある財・サービス（たとえば保育所サービスなどを考えるとよい）について、その価格が市場メカニズムによって決まるのではなく、政府等によって（均衡価格よりも）低く規制されている、あるいは無償化されている場合、どんな問題が発生するでしょうか。需要曲線と供給曲線の図を使って検討してみましょう（保育所サービスを念頭に考える場合のキーワードは**待機児童**）。また、実際はどうなのか（この「理論」通りの面があるのか）、新聞記事などを調べてみましょう。

第3章
市場経済の
長所と短所は?

　第2章では、需要と供給を調和させる市場の働き(市場メカニズム)について学びました。そのエッセンスは、価格の調整を通じて、どんな財・サービスがどれだけ生産されて消費されるのか、そのために労働や資本(工場とか機械)などの生産要素がどれだけ使われるのかが決まってくるということです。ここで、何かを生産するためには労働や資本などの生産要素が必要であるという、あたりまえですが重要な事実に注目してください。こうした生産要素のことを経済学では**資源**とも言いますが、さて、そもそも資源は、この世界に無限に存在するのでしょうか。残念ながらそうではありませんね。資源には限りがあります。人材という大事な資源であるお父さんやお母さんがスマホを作る仕事に専念すれば、お父さんやお母さんはもうおコメを作ることはできません。これを**資源の希少性**と言います。実は、どんな社会も、限りある(希少な)資源をどのように**配分**して(割り振って)、何をどれだけ生産し、誰がどれだけ消費するのかという大きな問題にいつも直面し、この問題を何らかの方法で解決しようとしているのです。これを**資源配分の問題**と言います。ということは、市場メカニズムとは、まさに、資源配分の問題を解決しようとする1つの仕組みだったということになりますね。

　では、市場メカニズムは資源配分の問題をうまく解決してくれているのでしょうか。何か問題はないのでしょうか。この章では、市場経済の長所と短所について学びましょう。

↪ 本章の目標

1. 資源配分の効率性の観点から市場経済の長所を説明できる。
2. 市場の失敗とは何かを説明できる。
3. 市場メカニズムが不平等を生み出すことを説明できる。
4. 以上の2と3をふまえ、政府の意義を説明できる。

📖 事前学習

(1) 夜の朝鮮半島と日本が映っている衛星写真を信頼できそうなウェブサイトから見つけてください。夜間の光量（明るさ）に大きな格差があることを発見できるはずです。では、そのような格差がなぜ起きるのかを（いろいろな視点から）あなたなりに理由を考えてまとめてください。

(2) みなさんの多くは花火大会に行ったことがあるでしょう。しかし、夜空に打ち上がる美しい花火を観賞するために料金を払ったことはないはずです（花火の打ち上げには相当のお金がかかっているはずなのに！）。なぜでしょうか。あなたなりにその理由を考え、まとめてみましょう。

ワーク 1

(1) 事前学習(1)についてグループで共有し、なぜそのような格差ができるのか、いろいろな視点からたくさんの意見を出してみましょう。

(2) 事前学習(2)について意見を共有し、グループの意見をまとめましょう。そのうえで、他の無料のイベントを最低3つあげてみてください。

3 1 市場経済の長所

　事前学習(1)とそれをふまえたワーク１では、市場経済である日本や韓国、そして政治体制は社会主義でありながら経済には市場の働きを導入している中国と、いぜんとして計画経済が主である北朝鮮を比較してもらったことになります。最近の研究によれば、夜間の光量が大きい国ほど経済的にも豊かであることが明らかになっています。市場経済のほうが計画経済よりも豊かであるとすれば、どんな理由が考えられるでしょうか。いくつかありますが、１つの代表的な見方を説明しましょう。

　計画経済では、限りある（希少な）資源をどのように配分して、何をどれだけ生産し、誰がどれだけ消費するのかという資源配分の問題を、中央政府が計画的に実行することで解決しようします。何をどれだけ生産するのか、そのために資源をどう割り振るのかを中央政府がすべて決めようとすれば、それぞれの財・サービスのニーズに関する情報や、それらを生産するための技術、および労働や資本などの生産要素の量に関する情報を、詳細に知る必要があるでしょう。十分な情報がないまま間違った計画を実行すれば、私たちがほしくないものばかりが生産され、私たちがほしいもの、必要なものが生産されずに不足するということも起こりうるのです。

　市場経済では「売れないもの」（私たちがほしくないもの）の価格は下がっていきます。そして最後には企業はそうしたものの生産をやめてしまいます。なぜならば、売れないものを生産しても利益を上げることができないからです。逆に、売れるもの、つまり私たちが必要としているもの、たくさん需要するものを企業は生産するでしょう。なぜなら、それらの価格は上昇し、生産による利益が見込めるからです。こうして社会的なニーズや生産のための技術などに関する詳細な情報を反映するように価格が調整され（この点は第２章で説明し、強調しました）、市場は、私たちを惹きつけるたくさんのものでいっぱいになります。限りある資源である生産要素は、私たちが必要としているモノを生産するために有効に活用されるようになります。

　このような市場の働きを、経済学では**「市場は資源を効率的に配分する」**と表現します。少し難しい言い方ですが、限りある資源が私たちのために有効に利用されている、という意味です。このことは市場経済のとても大切な

特徴として強調してもしすぎることのない点です。市場経済にこうした長所があるからこそ、私たちの経済・社会は豊かになったと言えるでしょう。

3 2 市場の失敗とその原因

　残念ながら、これまでの市場経済の長所についての説明から「市場経済は薔薇色なのだ」と判断したら、早計です。なぜなら、市場経済でも「資源が効率的に配分されない」、つまり「資源が有効に使われない」状態が起こりうるからです。経済学では、そうした事態を**市場の失敗**と呼びます。以下では市場の失敗の代表的なパターンについて簡単に説明していきますが、その前にワークをやりましょう。

ワーク 2

　私たちの（これまでの）日常生活が気候変動に何らかの影響を及ぼしているとすれば、どんな気象上の変化が考えられるか、また、どんな因果関係が考えられるか、1つだけではなくできるだけ多く考えて

平成30年7月豪雨の被害の様子

（出所）　広島県砂防課。この画像は、令和元年版『環境白書』「第2章　気候変動影響への適応」から引用。
www.env.go.jp/policy/hakusyo/r01/html/hj19010201.
html#n1_2_1_1（2020年2月10日閲覧）

みましょう。まずは個人で考え、グループで結果を共有して話し合ってみましょう［ヒント：環境省のホームページにある白書などの気候変動に関する説明等も参考にしてください（以下を参照）］。

参考　環境省『環境白書・循環型社会白書・生物多様性白書』
　　　www.env.go.jp/policy/hakusyo/index.html

　では、市場の失敗の代表的なパターンを見ていきましょう。(1)外部不経済、(2)公共財、(3)独占・寡占（不完全な競争）、(4)情報の非対称性（情報の偏在）です。

(1)　外部不経済

　需要と供給がうまく調和するという意味で市場メカニズムが働いている場合でさえ、社会によい結果をもたらさないことがあります。それは、**ある人や組織の生産あるいは消費活動が、別の人や組織に（まだ生まれていない人・組織も含め）、価格の変化（上がるとか、下がるとか）を通じてではなく、直接的に損害を与える、あるいは、悪影響を及ぼす**という場合です。たとえば川上の工場の排水により川下の住民の使う水が汚染されるというような、こうした市場を経由しない直接的な損害や悪影響のことを**外部不経済**と言います。市場メカニズムが働いた結果、均衡取引量で表される生産または消費活動のもとでそういう損害が発生しているわけですから、市場メカニズムはその財・サービスの過剰な生産または消費をもたらしていることになります。資源という言葉を使って言い直せば、その財・サービスの生産に資源が過剰に配分されていることになります。どうしてそういうことが起こるのでしょうか。どうすれば解決するのでしょうか。この点は、ワーク２をふまえ、後のワーク３でより深く考えてもらいます。

(2)　公共財

　そもそも市場メカニズムを通じた供給が難しい、あるいは、市場メカニズムと相性が悪い財・サービスがあります。それは、**複数の人が同時に消費（利用）でき、かつ、他の人の消費（利用）を排除できない**という性質をもった財・サービスで、**公共財**と呼ばれています。名前には「公共」が付いてい

ますが、それにだまされてはいけません。公共性が高くない公共財もあれば（事前学習(2)とワーク１で考えてもらった花火大会は、実は、その典型例だったのです。あらためてどうしてかを考えてみましょう）、公共性が高くても公共財に分類されない財・サービスもある（どんなものがあるかを考えてみましょう）からです。ここでは、その性質だけに注目しましょう。

　公共財の具体例は、国防、警察・消防、一般道路・橋（いわゆるインフラストラクチャー）などです（これらは、確かに公共性が高いですね）。これらについては、人々のニーズが高いのに市場メカニズムに任せておくとその供給が過少になるか、あるいは、まったく供給されなくなる可能性があります。なぜでしょうか。たとえば、町の至るところにある一般の道路（高速道路ではない）を考えてみましょう。民間の建設業者がこうした一般の道路を開発・建設して、たとえば１キロメートル単位で価格を設定して、そこを通る人から料金を徴収するとします。しかし、そうしたお金の徴収は容易ではないでしょう。道路が完成すれば、多くの人が同時に利用できるようになります（もちろん、混雑・渋滞という問題は起こるでしょうが）。また、ある人が利用している場合に、他の人の利用を排除することは困難です。こういう場合、誰かがお金を払って利用するなら、それに便乗して自分も（排除されず、同時に）利用できるので、結局は、みんながタダで利用しようとします（そうした人たちのことを**フリーライダー**と言います）。そうなると、利用者からお金が取れないので、業者はこうした財・サービスを生産しようとはしなくなります。ゆえに民間の市場に委ねると、公共財の供給は過少になるか、まったく供給されなくなる可能性があるのです。資源配分の観点で見れば、人々が必要としている公共財の生産のための資源投入が過少になるか、まったくなされなくなるということです。ゆえに公共財の供給は政府が担うことになります。

(3)　独占・寡占（不完全な競争）

　では、外部不経済がなく（後の発展課題で触れる外部経済もなく）、その財・サービスが公共財でないとしましょう。それでも市場の失敗が起こるとすれば、どんな理由があるのでしょう。第２章の２-２節(5)項では、市場メカニズムが働くためには、①市場での取引に参加する買い手と売り手がどちらもたくさんいる、とか、②その市場で取引される財・サービスはどれも同

じ（タピオカドリンクなら、どのお店も味とか容器とかが同じ）、とかいった条件が必要になると述べました。実はもう１つあって、次項で説明する③「情報の非対称性」がないことです。まず、ここでは①に注目しましょう。

　ある製品をただ１社だけが生産・販売している状況を**独占**と言い、少数の数社が生産・販売している状況を**寡占**と言います。このような場合、企業には**市場（価格）支配力**が生まれます。企業はある程度、価格を操作できるようになるので、価格は相対的に高く設定されるようになり、その結果、生産・消費が過少になる傾向が生まれます。資源配分の観点で見れば、そのような業界に対する資源の投入が過少になるということです。

　こうしたことを回避しようとすれば、市場を競争的にするための政策が必要になります。日本では「私的独占の禁止及び公正取引の確保に関する法律」（**独占禁止法**）が定められ、そうした政策の指針となっています。独占禁止法の運用のために設けられた公正取引委員会によって企業の独占的行為が監視され、必要な場合には摘発のうえ、指導が行われたり、罰則が科されたりします。

　では、そもそもどういう場合に独占とか寡占になりやすいのでしょうか。また、上の①が成り立っているのに②が成り立たないとどんなことが起こるのでしょうか。こうしたことはミクロ経済学や産業組織論で学びます。

⑷　情報の非対称性（情報の偏在）

　情報の非対称性とは、**市場に参加して取引を行う人々の間で、ある人が知っていること（情報）を他の人が知らない**、という状況を指します。こういう状況では、どんなことが起こるでしょうか。売り手は自分が売るモノのこと（品質とか）について知っているけれど、買い手はこれから買うモノのことを正確には知らないとしましょう。売り手はこうした買い手の無知を利用して、悪い品なのに良い品だと偽って高く売りつけようとするかもしれません。買い手がそのことを察知すれば、取引は成立しません。もちろん、誠実な売り手だっているはずですから、こうした情報の非対称性がなければ、取引が成立し、有用な生産と消費が行われた（つまり、資源が有効に使われた）かもしれないのに、それがかなわないのです。この点の詳細については、コラム「レモン原理とは？」を読んでみましょう。

　実は2008年のアメリカ発金融危機も、情報の非対称性の問題とみなすこ

とができます。コラム「金融危機」を読んでみてください。

　情報の非対称性の問題に対処するには、企業（や金融機関）等に正確な情報の開示を促すために、事後的な罰則を含む法的規制を整備することが必要になります。そのためには余計に資源が必要になるでしょうが、やむをえません。

コラム

レモン原理とは？

　情報の非対称性が問題となる状況で、なぜ、市場取引がうまくいかなくなるかを考えてみましょう。ここでは中古車の市場を例にします（ただし、あくまで仮の話です）。中古車の買い手は、売りに出される中古車の平均的な質はなんとなくわかるけれど、個々の売り手の中古車がどういう質のものか（ポンコツか、優良車か）は試乗してもわからないとします。一方で、売り手は自分が売ろうとしている中古車の質はわかっています。さて、この市場ではどんなことが起こるでしょうか。買い手は平均的な質を判断材料に、買うか買わないかを判断します。もし、確実に優良車であることがわかっていれば、高い価格を払ってもよいと思うのですが、ポンコツを買うはめになる可能性もあるので、高い価格を払おうとはしません。次に優良車の売り手の立場に立ってみましょう。良い状態の車なのだから高く買ってほしいけれど、それがだめなら自分で使い続けたほうがよいと思うのではないでしょうか。しかし、残念ながら、買い手はポンコツをつかまされることを危惧して、高い価格では買ってくれません。結局、優良車の売り手は売ることを断念します。逆にポンコツの売り手は、当然、売る気まんまんです。結局、この市場での売り手はポンコツの持ち主だけになります。そうであれば、買い手は買う気をなくします。つまり、この市場では取引が成立しません。情報の非対称性がなければ、優良車の売り手と買い手の間で成立したであろう取引が、残念ながら成立しなくなるのです。

　ポンコツのことをアメリカでは「レモン」と言います。そのため、以上の話は**レモン原理**と呼ばれています（保険の市場では**逆選択（アドバース・セレクション）**と呼ばれています）。このレモン原理に最初に気づいた経済学者、ジョージ・アカロフは、2001年にノーベル経済学賞を受賞しました。でも、アカロフが1960年代後半にこのレモン原理に関して書いた論文（1970年公刊）は、当時、学界ではなかなか受け

入れられなかったとのことです。情報の非対称性に関する問題は、なんと、1970年代になってからはじめて経済学で注目されるようになったのです。そう、経済学は日々進化しているのです（もちろん、現在も！）。なお、情報の非対称性に起因する市場の失敗に関しては、もう1つ、**モラルハザード**というキーワードがあります。ぜひ調べてみてください。

■コラム▶

金融危機

　2008年のアメリカ発の金融危機は、なぜ情報の非対称性の問題なのでしょうか。この危機に先立って、アメリカの金融機関は、「証券化商品」というものをつくって投資家といわれる人たち（や組織）に売っていました。この証券化商品は、所得が低くてお金を返せない確率の高い人向けの住宅ローンであるサブプライム・ローンを組み込んだ金融商品であり、平均的には、支払った金額よりもたくさんのお金が戻ってくる（つまり、もうかる）ことが予想されましたが、お金が戻ってこない（損をしてしまう）危険もある、という性格をもっているものでした。

　そうした商品を買う投資家にとって大事なのは、どの程度もうかるのか、どの程度お金が戻ってこない危険（リスク）があるのかを判断できる情報です。でも、その金融商品が複雑であればあるほど、投資家はそうした情報を正確に把握できなくなります。まさに金融商品の販売者と購入者である投資家の間には、情報の非対称性がありました。そのため、投資家がリスクを十分に評価せずに、お金が増えて戻ってくるかもしれない面だけに目を奪われて商品を購入すると、リスクが現実化した場合、大きな損失を被ることになります。そうしたことが続けば、金融商品自体の販売が困難になり、その市場が縮小し、ついにはなくなってしまうかもしれません。

　もちろん、金融商品の存在そのものに問題があるわけではありません。むしろ、資金を必要とする人や組織に資金を融通して、生産や消費活動をいっそう活発にする（つまり、資源が有効に使われるようになる）ための機能を担うはずのものです。にもかかわらず、情報の非対称性ゆえに、そうした機能が不全に陥る可能性があるということです。そして、そのリスクが顕在化してしまったのがまさに金融危機であったと言えます。

ワーク
3

　ワーク3では、ワーク2をもう少し深めて考えてみましょう。なお、以下の（　　　）には市場の失敗のパターン4つのうちの1つを入れること。

　「地球温暖化にともなう気候変動は（　　　）の典型で、私たちが（消費者としては間接的に）石油や石炭などの化石燃料を過剰に消費してきたことが大きな原因になっていると考えられる（実は、ワーク2では、そうした因果関係を検討してもらったことになる）。」

　では、そもそも、どうして化石燃料の消費が「過剰」になってしまうのでしょうか。その理由をできるだけ単純に考えてみましょう。そのうえで、どんな政策をうてばよいか、検討してください。まずは個人で考え、グループで結果を共有し、話し合ってみましょう。

❸ ❸ 市場経済と私たちの生活の平等性（格差問題）

　市場が理想的に働き、限られた資源を効率的に配分するとしても、そのことはすべての人の所得（そして生活水準）が**平等**になることを意味するわけではありません。市場経済は私たちの生活を豊かにしますが、すべての人が等しく豊かになるわけではありません。市場経済では、お金持ちとそうでない人々が生み出されます（以下のワークではその理由の1つを考えてみましょう）。そうした所得の大きな不平等（格差）は、しばしば重大な社会問題となります。

　周知のように、日本国憲法の第25条は、私たちの生存権と国の使命について、次のように規定しています。

1. すべての国民は、健康で文化的な最低限度の生活を営む権利を有する。
2. 国は、すべての生活部面について、社会福祉、社会保障及び公衆衛生の向上及び増進に努めなければならない。

　この憲法の規定に従い、市場経済の良い点を生かしながら、その短所を補正する必要があります。この大きな役割を担っているのが政府です。

> 　（さまざまな）労働市場に注目し、賃金格差が生まれる理由を、第2章で学んだ市場メカニズムで説明してみましょう。ここでは、高度な資格や技能を要する労働（力）の市場（熟練労働市場）とそうした資格や技能を必要としない労働（力）の市場（非熟練労働市場）を考え、それぞれの市場について需要曲線と供給曲線を描いてみてください。2つの市場で需要曲線と供給曲線の位置が違ってくるはずなので、なぜ、違ってくるかをよく考えてください。まずは個人で考え、グループで結果を共有し、話し合ってみましょう［ヒント：ただし、ここでの説明は、賃金格差を浮き彫りにするためにかなり単純化していることにも注意しましょう。労働（力）の市場は、財・サービスの市場や金融市場とは決定的に違う重要な側面があります。この点については第8章で詳しく学びます］。

③④　市場経済における政府の役割

　これまでの節で説明してきたように私たちの市場経済には長所とともに、見逃せない短所もたくさんあります。短所である「市場の失敗」と「市場経済は平等な生活を保障しない」という問題は、市場経済における**政府**の存在理由となります。

　私たちの生活の安全を守り、私たちの財産を保護し（その所有権を明確にし）て、契約の履行を確実なものとすることは、市場経済が働くための基本的条件にほかならず、それこそ、政府の最低限の責務です。しかし、それ以外にも、市場の失敗や格差に対処するという多くの役割が政府にはあることがわかりました。

　日本の経済は市場経済ですが、同時に**民間部門**と**公共部門**（**政府部門**）が

併存する混合経済でもあります。政府の役割については第12章でさらに詳しく学習します。

 発展課題

(1) 外部経済や外部不経済を外部性（正の外部性、負の外部性）とも呼びます。外部性が引き起こす問題を解決する基本的手法は「外部性の内部化」です。このことの意味をミクロ経済学や環境経済学の文献で調べてみましょう。また、環境問題などを例にして、この手法を具体的に説明してみましょう。

(2) 市場の失敗には外部不経済の逆の**外部経済**もあります。外部経済とは、ある人や組織の生産あるいは消費活動が、別の人や組織に、価格の変化を通じてではなく、直接的に与える便益あるいは良い影響のことです。外部経済の場合、外部不経済とは逆で、市場メカニズムはその財・サービスの過少な生産または消費をもたらします。どうしてでしょうか、考えてみましょう。また、外部経済の例を列挙してみましょう。この外部経済の1つと考えられるものに（**正の**）**ネットワーク外部性**があります（**ネットワーク効果**とも言います）。デジタル化は企業経営や産業のあり方に大きな影響を及ぼしていますが、そうした変化を分析するときに出てくるキーワードで、以下の(3)の後半の課題とも関連しています。このネットワーク外部性について調べてみましょう。

(3) 公正取引委員会のホームページ（https://www.jftc.go.jp/）などで、日本の独占禁止政策について調べてみましょう。また、これまでは価格をつり上げるカルテルや談合などが主な問題とされてきましたが、最近では**プラットフォーマー**と呼ばれる企業に対する対策も重視されつつあります。これはどういうことか、調べてみましょう。

(4) **賃金構造基本統計調査**を使って職業間や男女間、学歴間での賃金の違いがどのようになっているか、調べてみましょう。どこを見ればよいかも試行錯誤してみましょう！

賃金構造基本統計調査については、e-Stat政府統計の総合窓口のホームページにあるhttps://www.e-stat.go.jp/stat-search/files?page=1&toukei=00450091&tstat=000001011429を見ること。ここを開いてから格闘を開

始してください。

これからの学習

　第２章と第３章は、ミクロ経済学と呼ばれる分野への「入門の入門」になっています。ミクロ経済学は、続く第４章と第５章でその初歩を学ぶことになるマクロ経済学と並んで、経済学の土台をなす科目です。「土台」とは、経済学のいろいろな分野（産業組織、金融、財政、日本経済、国際経済、地域経済、開発、環境、労働、社会保障など）に応用されるという意味です（ミクロ経済学の知識は経営学の基礎にもなっています）。ぜひ、しっかりと習得しましょう。

 読んでみよう！　（第２章・第３章に関連する参考書）

　最近出版された数あるミクロ経済学の教科書の中から、3冊選んでみました。
　①　安藤至大『ミクロ経済学の第一歩』有斐閣ストゥディア、2013年。
　②　竹内健蔵『ミクロ経済学って大体こんな感じです』有斐閣、2019年。
　③　神取道宏『ミクロ経済学の力』日本評論社、2014年。
　①→②→③の順で本格的になります（本の厚さの順番でもある）。③ははじめての人には本格的すぎるかもしれないけれど、いま一番すぐれた教科書だと思います。ぜひ、チャレンジしましょう。

第4章
経済の大きさって？

　第3章までに「経済」とは「消費と生産という2つの経済活動をまとめたもの」であり、「経済が循環するもの」であること、「消費」と「生産」を調和させる「市場」の働きと限界を学んできました。このことは、どの国の経済を理解する場合にも役立ちます。なぜなら、どの国の経済も、消費と生産の2つの活動から成り立っており、それをイメージするときにはいつも経済循環の図が役立つからです。

　しかし、国ごとに、時代ごとに、経済は大きく異なります。人間には「身長の高い人や低い人」がいます。「体重が重い人や軽い人」もいます。身長や体重のように経済の大きさを測ることができれば、経済の調子の良し悪しの判断や、他国の経済との比較ができるようになります。

　経済の大きさを測る指標の代表選手が**GDP**（**国内総生産**、Gross Domestic Product）です。GDPとは国全体で見た経済活動（循環図の生産側から見れば生産活動、消費側から見れば消費活動）の総量のことです。本章では、GDPとは何か、また、GDPから計算できる便利な経済指標のいくつかについて学びます。

本章の目標

1. 経済の大きさがGDPによって測定できることを知る。
2. GDPには「名目GDP」と「実質GDP」の2つの種類があることを知り、その区別の意味を理解する。関連して「物価」とは何かを知る。
3. GDPから「1人当たりGDP」や「経済成長率」が計算できることを知り、それぞれの意味を理解し、使えるようになる。
4. GDPを使って日本と外国の経済の大きさを比較できることを知る。

事前学習

　この章で学ぶGDPを日本では内閣府が計測しています。日本経済新聞社のwebサイト（https://www.nikkei.com/）など新聞社のサイトにアクセスして、以下の(1)～(3)に答えてください。

(1) 「内閣府」「GDP」の2つのキーワードを同時に使って記事を検索して、最近の日本経済についての記事を1つ選び、記事の日付と記事のタイトルを明記して、GDPの変化とその原因をまとめてみましょう。

(2) (1)の検索結果から、a) 名称、b) 年時、c) 数値（単位明記）がわかるものを列挙してください。

(3) キーワードを「人口動態調査」に変えて検索し、2020年1月1日の日本の人口を調べてみましょう。

ワーク 1

(1) 事前学習で調べてきた内容をグループで共有しましょう。
(2) (1)をもとに日本経済は、①良い状態で今後も良い、②今は良くないが、今後良くなる、③良くも悪くもなく、今後もそのまま、④今は良いが、今後悪くなる、⑤悪い状態で今後も悪いまま、のどれに近いのか、その理由とあわせてグループで考えましょう。

4 1 GDPって何？

(1) 経済の大きさを測るには？　循環図に注目しよう！

　以下では、説明をわかりやすくするために、第1章で学んだ単純な経済循環の図を使って経済の大きさを測る方法を考えていきます。

　経済循環の中の取引のほとんどは1年以内に終了するので、ここでは、1年間の経済活動を計測することにしましょう。どうすれば、一国（たとえば日本）全体の経済活動の大きさを計測できるのでしょうか。

　経済にはたくさんの家計（家族とか家庭）や企業（お父さんやお母さんが働きに行く会社など）が存在し、いろいろな財・サービスが生産され、そして消費されています。それぞれの財・サービスの量を測る単位もバラバラです。この1年間でいろいろな会社が生産したパソコンの台数は足し算できそうですが、パソコンの生産台数と漁獲量（魚がどれだけ獲れたか）は足し算できませんよね。パソコンだって会社によって違うし、同じ会社が違うタイプのパソコンを出しています。経済全体で見た生産活動あるいは消費活動を1つの数値で表すにはどうしたらいいでしょうか。

　そこで図4.1にある循環図に注目します。いろいろな財・サービスが取引されるとき、必ずお金が反対方向に動いていますね。だとすれば、取引金額で経済活動の大きさを測ることができそうです。

図4.1　経済循環とGDP

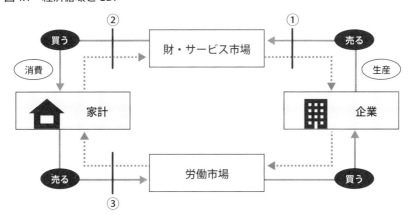

この循環の中で、企業（全体）が受け取っている金額と家計（全体）が支払っている金額は一致します（そうでなければ、循環が途絶えてしまいます）。①の線の所で見ると企業（全体）の**生産額**、②の線の所で見ると、それは家計（全体）の**支出（消費）額**になります。ここで（全体）と（　）を付けたことに注意してください。企業（全体）の生産額とは、経済にはいろいろな企業があり、いろいろな財・サービスが生産されているが、とにかくその生産額を全部足しましょう、ということを意味します。家計（全体）の支出（消費）額とは、経済にはいろいろな家計があり、いろいろな財・サービスが消費されているが、とにかくその支出（消費）額を全部足しましょう、ということを意味します。こうして全体で見た経済活動の大きさを1つの単位（もちろん、日本の場合は円ですね）で測定できることがわかりました。GDPとは、このように測定された（その国全体の）1年間の経済活動の大きさのことだと考えてください。経済が循環するものであることから、GDPは生産額としても計測できるし、支出（消費）額としても計測できることがわかります。

　ところで、図4.1の循環図を見ると、③という線が加えられています。するとGDPは生産額や支出（消費）額としてばかりでなく、経済循環のもう1つの側面、家計（全体）が企業（全体）から受け取る賃金の額、あるいは**所得額**としても測定できることがわかります。このように、GDPとは生産面、支出面、所得面でとらえることができること、つまり、

　　　　GDP＝総生産額＝総支出額＝総所得額

となることを、**三面等価**と言います。

　要点をひと言でまとめておきましょう。

　　　　GDP＝（その国の）1年間の経済活動の大きさを測定する尺度（単位は円）

　　　　（生産額であるとともに、支出額、所得額でもある、つまり三面等価）

コラム

日本のGDPの大きさは？

　実際の日本のGDPは現在どのくらいの大きさなのでしょうか（事前学習で金額を確認できましたか？）。2019年の日本の名目GDP（名目の意

味は後で説明します）は約561兆円でした。大まかに550兆円と覚えてください。つまり、日本で働くすべての人が頑張って働いて得たお給料はおよそ550兆円ということです。

(2) 名目GDPと実質GDP

2019年の日本の名目GDPはおよそ550兆円でした。約65年前の1955年の名目GDPはおよそ8兆円でしたから、GDPは約70倍に拡大していることになります。**平成不況**（第5章で学びます）の中で物心がついたみなさんは、あまり実感がわかないかもしれませんが、日本はそれほど豊かになったのです。ただ、70倍はちょっと大きすぎませんか。

そこでGDPの前に付いている「**名目**」とはいったい何を意味するのかを考えましょう。実はGDPには、もう1つ「**実質**」という言葉を付けたものがあります。つまり、GDPには、**名目GDP**と**実質GDP**の2つがあって、区別する必要があるのです。

（ある年の）**名目GDPとは、その年に実際に取引された金額で測定されるGDPのこと**です。あなたが高校に入学したとき、お祝いにパソコンを買ってもらったとしましょう。そのときの値段が12万円だったとしたら、その年の名目GDPの測定には、この12万円という額がそのままで使われます。

でも、同じパソコンがずっと同じ値段ってことはないですよね。そう考えたとき、1955年の名目GDPの8兆円を、現在の名目GDPの550兆円と比較して、70分の1だったと言い切れるでしょうか。

1955年ごろの財・サービスの価格は、現在よりもはるかに低いものが多く、たとえば、週刊少年漫画誌は1冊40円（約6分の1）、そば1杯30円（約20分の1）、新聞駅売り1部10円（約15分の1）でした。価格全般で見ると、およそ現在の10分の1程度と考えればよいでしょう。もちろん、トランジスタラジオ（AMのみ）が1万円を超えていたり、現在の電卓よりも能力の劣る大型（オフィスビルの1フロアを占有していた）コンピュータが数億円していたりと、工業製品の中には現在の価格のほうが下がっているものもありますが、（経済全体で）平均的に見れば、1955年の財・サービスの価格は、現在よりもかなり低かったと考えてよいでしょう。つまり、GDPを測定する際には、このようないろいろな財・サービスの価格の変化にも注意を払う必要がある、ということがわかります。

この点を理解してもらうために、まずは、財・サービスが2種類で、たとえば食パンとバターしかないという架空の小さな経済を考えるといいでしょう（表4.1）。この架空の経済で、2030年に食パンが1斤100円で1,000斤、バターが1kg1,000円で100kg取引（生産・消費）され、2031年に食パンが1斤120円で900斤、バターが1kg800円で120kgが取引（生産・消費）されたとします。すると、2030年の名目GDPは100 × 1,000 + 1,000 × 100 = 200,000円、2031年の名目GDPは120 × 900 + 800 × 120 = 204,000円となりますね。

表4.1　食パンとバターだけを生産する経済の名目GDPの計算

	食パン			バター			名目GDP (円)
	価格（円）	量（斤）	金額（円）	価格（円）	量（kg）	金額（円）	
2030年	100	1,000	100,000	1,000	100	100,000	200,000
2031年	120	900	108,000	800	120	96,000	204,000

そこで問題です。2031年の名目GDPが2030年の名目GDPよりも大きいのだから、この経済は2030年に比べて2031年のほうが大きい、と判断してよいでしょうか。そう簡単には言えないですね。生産（消費）量で比較したら、2031年のほうが2030年より食パンの生産量は小さく、バターの生産量は大きくなっています。価格の変化は逆で、2031年のほうが2030年より食パンの価格は上昇し、バターの価格は下がっているため、取引額で見ると食パンは大きく、バターは小さくなっています。2031年の名目GDPが2030年の名目GDPよりも大きくなったのは、食パンの取引額の増加がバターの取引額の減少よりも大きかったからだ、ということもわかるでしょう。名目GDPの変化には、**量の変化**と**価格の変化**の両方が含まれています。もし経済の大きさを量で測ろうとすれば、それを名目GDPで測ることはできないのです。

ワーク2

　　経済の大きさを比較するとき、名目GDPで比較することはできません。その理由を、本章を参考に具体的な例をあげて考えてみましょう。

　前(1)項で説明したように、現実の経済ではいろいろな財・サービスが生産・消費されています。そして、それぞれ財・サービスの量を量る単位はバラバラです。そのうえ、いろいろな財・サービスの価格の変化の方向もバラバラです（上がるものもあれば、下がるものもあります）。それなのに経済の大きさを（同じ単位の）量で測ることなどできるのでしょうか。そこで登場するのが**実質GDP**なのです。

　考え方は簡単です。経済の大きさを名目GDPで測ることの問題は、価格の変化があることでした。だったら、価格の変化がなかったらどうなるかを考えればいいことになりますね。そのため**基準年**というのを決めます。たとえば2030年を基準年とします。そして、「いろいろな財・サービスの価格が2030年の価格と同じだったら」という仮定の下に各年のGDPを測定するのです。このように**財・サービスの価格が基準年と同じだったとして測定されるGDPのことを実質GDP**と言います。

　財・サービスの種類が食パンとバターしかない、先ほどの架空の経済で実質GDPを計算してみましょう（表4.2）。基準年とした2030年の実質GDPは$100 \times 1,000 + 1,000 \times 100 = 200,000$円で名目GDPと一致しますが（食パン100円とバター1,000円は基準年とした2030年の価格）、2031年の実質GDPは$100 \times 900 + 1,000 \times 120 = 210,000$円となります。直接、生産（消費）量を比較できるわけではありませんが、実質GDPで見た場合、この経済は2031年のほうが2030年よりも大きいと判断できます。

　要点をもう一度確認しましょう。

名目GDP＝その年に実際に取引された金額で測定されるGDP

実質GDP＝財・サービスの価格が基準年と同じだったとして測定さ

表4.2　食パンとバターだけを生産する経済の名目および実質GDPの計算

	食パン			バター			GDP（円）
	価格（円）	量（斤）	金額（円）	価格（円）	量（kg）	金額（円）	
2030年（名目＝実質）	100	1,000	100,000	1,000	100	100,000	200,000
2031年（名目）	120	900	108,000	800	120	96,000	204,000
2031年（実質）	100	900	90,000	1,000	120	120,000	210,000

れるGDP（いろいろな財・サービスの価格の変化がないものとして測定）

　では、ある年の名目GDPが実質GDPと違った値になるとき、その違いは何を意味すると思いますか。架空の経済の例では、2031年がそうですね。2031年の名目GDP＝204,000円、2031年の実質GDP＝210,000円ですから、2031年の名目GDPは2031年の実質GDPの204,000÷210,000＝0.97倍になっています（2030年の場合は、名目GDPと実質GDPは一致しますから、もし同じ計算をすれば、1になります）。これは、2030年を1としたら、2031年には0.97になったというわけです。あるいは、2030年を100としたら、2031年には97になった（3小さくなった）とも言えます。つまり、各年で、

名目GDP÷実質GDP×100

という計算をすると、経済全体の平均的な価格水準である物価を計算することができます。食パンとバターの経済なら、基準年である2030年の物価を100としたときに、その年の経済の物価がどんな値になるかを知ることができるのです（2031年の場合は97ですね）。これを**GDPデフレータ**と言います。

　この考え方をいろいろな財・サービスが存在する現実の経済に応用してみましょう。基準年と比較して価格が高くなる財・サービスもあれば、低くなる財・サービスもあり、食パンとバターしかない経済よりは複雑ですが、心配いりません。GDPデフレータを使って計算した結果が100よりも高くなったのであれば、いろいろな財・サービスの価格は平均的に見て基準年よりも高くなった、と考えることができます。逆に、GDPデフレータを使って計算した結果が100よりも小さな値になるとすれば、いろいろな財・サービスの価格は平均的に見て基準年よりも低くなった、と考えることができます。

　こうして、GDPデフレータで求めた値は、いろいろな財・サービスの価格の平均的な動きを示す指標の1つになります。**いろいろな財・サービスの価格の平均的な動き（経済全体で見た価格水準）を1つの数値で表したものを、物価指数**あるいは**物価**と言います。物価の動向は、当然、私たちの生活に影響を及ぼしますから、物価について理解することはとても大事なことになります。なお、物価が継続的に上昇する現象をインフレーション（インフレ）といい、ニュース記事では物価指数そのものよりも物価指数の上昇率であるインフレーション率（インフレ率）について言及する場合が多いです（表4.3）。

表4.3　食パンとバターだけを生産する経済の物価

	名目 GDP	実質 GDP	GDP デフレータ	インフレーション 率
2030 年	200,000	200,000	100	
2031 年	204,000	210,000	97	− 3%

ワーク
3

　異なる基準年の実質GDPを比較すると、どのような不都合があり
ますか。説明してみましょう。

4 2 GDP から計算できるもの
—— 1 人当たり GDP と経済成長率

　GDP（実質GDPまたは名目GDP）は、それを加工することで、経済のい
ろいろな側面を知ることができます。ここでは、1 人当たりGDPと経済成長
率を説明しましょう。

(1)　1 人当たり GDP

　2019年の名目GDPがおよそ550兆円であることを学びましたが、550兆円
という金額は途方もなく大きすぎて、実感がわかないでしょう。そこで、
550兆円という数値を国民 1 人当たりに直してみましょう。日本の人口数を
1 億2,500万人とすると、

　　　約550兆（円）÷ 1 億2,500万（人）＝約440万（円/人）

と計算できます。これを一般の公式として表現すれば、

　　1 人当たり GDP ＝ GDP ÷人口数

となります。1 人当たりGDPは「豊かさ」の指標の 1 つであると言われてい
ます。

　1 人当たりGDPやこれまで学んできたGDPを使って、2019年の日本の 1
人当たりGDPの440万円や名目GDPの550兆円が、世界の中でどれほどの大
きさなのか比較してみましょう。海外のさまざまな国と比較するためには同

じ貨幣単位の表示に直さなければなりません。多くの国際統計は、貿易や金融など国際的な取引に多く使われるアメリカの通貨、ドルを用います。図4.2では、ドル表示のOECDデータを各年の円/ドル為替レートを用いて円表示に変換しています。図4.2から、2018年の日本の経済の大きさはアメリカ、中国に次ぐ3番目であることがわかります。

図4.2 主要国の名目GDP（当該年円表示）

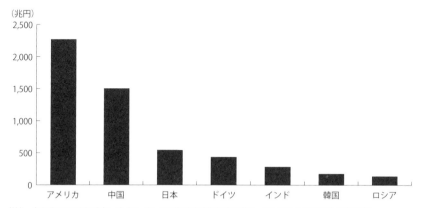

（注）名目GDPは2018年。ただしインドの名目GDPは2017年、ロシアの名目GDPは2016年。
（出所）OECD統計サイト（https://stats.oecd.org）から抽出（2019年12月23日閲覧）。

　図4.2からは、アメリカのGDPは日本の約4倍、中国のGDPは日本の約3倍と読めます。しかし、円表示に直す際に用いる為替レートの変動は激しく、国ごとの物価変動の違いも加わって実際の「大きさ」や「豊かさ」の比較が難しくなります。図4.3および図4.4では各国の物価を2010年の日本の物価に合わせた（たとえば世界中どこでもおにぎりは1個100円となる）**購買力平価**を用いて円表示にしています。購買力平価を用いることで、物価が低いためにGDPが小さく表示されていた国のGDPが大きく再評価されます。ここで示された購買力平価表示の各国のGDPは、2010年の日本の価格を基準とした実質GDPとも考えられます。異なる年の比較も可能となるので、縦軸の金額を対数目盛（後で詳しく説明します）とした折れ線グラフにしています。
　図4.3から、購買力平価を用いたGDPでは、中国がアメリカを2010年代前半に超えていることがわかります。また中国同様に人口規模の大きなインド

図4.3 主要国の実質GDP（2010年基準購買力円表示）

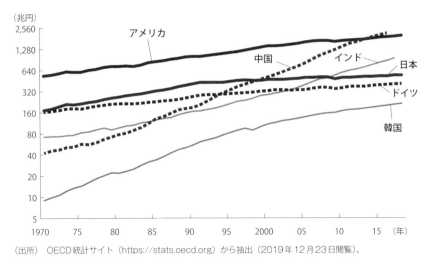

（出所） OECD統計サイト（https://stats.oecd.org）から抽出（2019年12月23日閲覧）。

図4.4 主要国の1人当たり実質GDP（2010年基準購買力円表示）

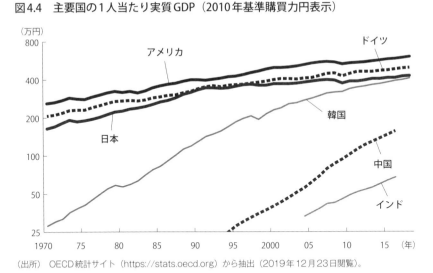

（出所） OECD統計サイト（https://stats.oecd.org）から抽出（2019年12月23日閲覧）。

がすでに日本を抜いていることもわかります。一方で、日本とドイツの成長の低さが目立ちます。

　1人当たりGDPはどうでしょうか。図4.4を見ると、中国、インドともに「豊かさ」では日本との間にまだまだ大きな差があることがわかります。しか

しながら、日本はアメリカやドイツに追いつくどころか逆に差を広げられ、韓国に追い抜かれそうです。

ワーク
4

　日本、アメリカ、中国、インド、ドイツ、韓国から2国を選んで、名目GDP、実質GDPおよび1人当たり実質GDPから、それぞれの国の経済の大きさと生活の豊かさに関して何が言えるか、他の国と比較しながら考えましょう。個人で考えをまとめ、グループで共有しましょう。

(2) 経済成長率

　名目GDPが1955年から2019年までの60年あまりで約70倍にもなったことを述べました（ただし、すでに学習したように、この拡大には物価の上昇も含まれますから、その点には、注意が必要ですね）。このように経済の大きさは時間の経過とともに変化します。**経済成長率は、経済の大きさの変化を測る尺度で、前の年と比べてどれだけ経済が大きくなったかを割合で表したもの**です。通常は、量の変化を重視して実質GDPを使って計算します。ここでは、1956年と2000年の経済成長率を調べてみましょう。

　1955年の実質GDPは1990年を基準年としたとき47兆円でした。それが1956年には51兆円になり、約4兆円増えました。一方で、1999年の実質GDPは1990年基準で482兆円でした。それが2000年には486兆円になり、やはり4兆円増えました。1956年と2000年はどちらも前年より約4兆円だけ実質GDPが増えています。しかし、増え方は違います。「前年と比べて」大きく増えたと言えるのはどちらだと思いますか。この問いに正確に答えるためには、仮に前の年の実質GDPの大きさが同じだったとしたらどうなるか、を考える必要があります。たとえば、ある年のGDPは、その前の年の実質GDPを100としたとき110になった、というふうに表せば、比較ができます。この場合、前の年と比べてGDPが10％増えたということですね。1956年の場合には47兆円から51兆円になりました。何％増えたことになるでしょうか。計算はこうです。$4 \div 47 = 0.0851\cdots = $約9％、つまり、実質

GDPは47兆円の約9％増えたということです。

同じように計算すると、2000年の場合には、約0.8％になります。実質GDPが4兆円増えたという意味では1956年と2000年は同じですが、生活の豊かさの実感がかなり違うと思いませんか。つまり、前の年の経済の大きさを基準にして増加幅を評価しないと、その時点における経済の活発さを表すことはできないのです。

これまでの説明から、**経済成長率**は次の公式で計算できることがわかります。

$$経済成長率（％）＝\frac{実質GDPの増加額}{前年の実質GDP}×100$$

$$＝\frac{（今年の実質GDP－前年の実質GDP）}{前年の実質GDP}×100$$

したがって、実質GDPで計算した経済成長率は、1956年の場合、約9％、2000年の場合、約0.8％となります。名目GDP、実質GDPの計算で用いた食パンとバターの経済の例で2031年の経済成長率を計算すると（210,000 － 200,000）÷ 200,000 × 100 ＝ 5％となります。表4.4はこれまでの食パンとバターの例で計算した結果をまとめています。

表4.4　食パンとバターの経済の経済成長率とインフレーション率

	名目GDP	実質GDP	経済成長率	GDPデフレータ	インフレーション率
2030年	200,000	200,000	✕	100	✕
2031年	204,000	210,000	5%	97	－ 3%

ワーク
5

（1）　表4.4を見て考えましょう。2032年の食パンとバターの経済は、食パンの価格が125円/斤、販売量が800斤であり、バターの価格が750円/kg、販売量が150kgでした。このとき、2032年の名目GDPと実質GDP、GDPデフレータを計算してみましょう（計算結果の小数点以下1桁目を四捨五入すること）。

(2) 2032年の経済成長率とインフレーション率を計算しましょう（計算結果は％で表し、その小数点以下1桁目を四捨五入すること）。

コラム

対数目盛

　図4.3と図4.4の折れ線グラフでは、横軸目盛が暦年で、縦軸目盛が対数表示です。縦軸の1目盛の間隔は400万円、500万円、600万円と同じ金額で大きくなるのではなく、200万円、400万円、800万円と1目盛ごとに金額が2倍になっています。実質GDPについて、このように縦軸を対数目盛の折れ線グラフで表示すると、折れ線の傾きが経済成長率になります。経済成長率が高ければ傾きは右上がりで急になります。経済成長率が低ければ傾きは右上がりでゆるくなり、経済成長率がゼロであれば水平になり、経済成長率が負になれば傾きは右下がりになります。

　GDPそのものではなく、1人当たりGDPが「豊かさ」の指標の1つであると言われる理由を考えましょう。また、1人当たりGDPだけを「豊かさ」の指標とする見方には批判もあります。どのような批判が考えられるでしょうか。

第5章
GDPって
どのように決まるの?

　第4章では、国ごとや、時代ごとに大きく異なる経済の大きさを測る指標の代表としてGDPがあることを学びました。また、名目GDPと実質GDPの違いや、通貨の単位をそろえることで国際比較が行えること、さらには、1人当たりGDPの金額を計算することで、国全体の経済活動だけでなく、生活水準を比較できることも学びました。

　本章では、そのようなGDPがどのように計算されるのか、GDPの大きさを決める要因は何かを学びます。それらの理解をふまえ、GDPの概念を使って最近の日本経済の大きさの変化の要因がどこにあるのかを探ります。

　この章の内容も、経済や経済学を学ぶうえで必須の知識です。しっかりと学びましょう。

1. GDPが「付加価値」の合計として計算できること、また、GDPが「最終生産物」の生産額の合計としても計算できることを知る。
2. GDPの大きさを決定する要因を、需要面と供給面の両方から理解する。

事前学習

まず内閣府のGDPデータ（国民経済計算年次推計）を提供している次のサイト（https://www.esri.cao.go.jp/jp/sna/kakuhou/kakuhou_top.html）から、「推計結果 > 統計表一覧 > フロー編 > IV. 主要系列表 > (3)経済活動別国内総生産＞名目」とたどって、暦年データをダウンロードしましょう。

(1) 名目GDPを構成する16の産業分類の中で、構成比の高い、上位3産業はどれかを確認してみましょう。

(2) 産業の構成比の高い上位3つの産業について、その産業の主要企業を調べてみましょう。

ワーク 1

(1) 事前学習の結果をグループで共有し、意見をまとめてください。
(2) 名目GDP、実質GDP、GDPデフレータの関係を、名目GDPを左辺に置く式で説明してみましょう。

5 - 1　GDP の計算

　ここでは、GDPがどのように計算されるのかを説明します。第4章では、GDPが1年間にその国で生産された財の生産額の合計として測定されることを学びました。そこで、そもそも生産とは何かを、あらためて考えることから話を始めます。

(1) 生産とは付加価値の生産である

　みなさんは昼食のためにサンドイッチをコンビニなどで買うことがあると思います。そこで話を簡単にするために、具を省いて食パンについて、第4章と同様、食パンとバターだけを作る経済における生産を考えてみましょう。

　食パンを製造するための食材は小麦とバターのみ、また生産や輸送の際に必要となる動力は電力のみとします（包装のためのラップや味付けの調味料なども無視します）。ある食パン工場が小麦とバターを仕入れ、敷地内の井戸から水をポンプでくみ上げ、電気オーブンで食パンを焼くという仕事をしているとしましょう。

　さて、この食パン工場で生産されているものは何でしょうか。

　そう質問されたら、「えっ、食パンじゃないの」と答えると思います。確かに食パンを作っているのですが、正確に言うとそうではないのです。大事な点は、この工場では、小麦粉、バター、水をくんだり調理したりするために必要な電力を生産してはいないということです。小麦粉、バター、電力が投入され、工場での加工を通して新しい価値が加わって、はじめて食パンができあがると言えます。

　この点をさらに詳しく説明するために、食パンの生産額が3,000円（たとえば100斤作って価格30円で販売業者に売るとします）で、3,000円分の食パンを生産するために、小麦粉を600円分、バターを500円分、水のくみ上げと調理のための電力を100円分、この工場が仕入れたとしましょう（表5.1）。工場の生産額は3,000円ですが、仕入額の合計分（600 ＋ 500 ＋ 100 ＝ 1,200円）は工場が生産したわけではありません。工場が生産したのは、小麦粉、バター、電力などの仕入額にプラスされた分、つまり、3,000 － (600 ＋ 500 ＋ 100) ＝ 3,000 － 1,200 ＝ 1,800円です。工場で生産されたのは、この新しく加わった価値、つまり**付加価値**なのです。ある財・サービスの生産のために原材料、部品、燃料などが投入されることを**中間投入**と言います。すると、

表5.1　食パン工場の付加価値

| 生産物 | 中間投入物 | | | 付加価値（円） |
食パン（円）	小麦粉（円）	バター（円）	電力（円）	
3,000	600	500	100	1,800

付加価値＝生産額－中間投入額

となります。生産とは、正確には、付加価値の生産なのです。

　それでは、食パン工場での付加価値の1,800円はいったい誰が生み出したのでしょうか。第1章1-3節「より複雑な経済循環の図」で学んだことを思い出してください。**労働**（パンを焼いたり、水をくんだりする人）、**資本**（工場や調理器具など）、**土地**（井戸）などの**生産要素**が生産活動に貢献したからこそ、付加価値の1,800円が生み出されたことがわかります。したがって、付加価値の1,800円は、労働者（従業員、パートも含む）に賃金として支払われたり、工場や調理器具などの購入資金を提供した人たちに配当として支払われたり、あるいは、土地を貸した人に地代として支払われたりします。付加価値は**所得**として家計に**分配**されるのです（内部留保といって企業に残される分もありますが、ここでは無視します）。

(2)　付加価値の合計としてのGDP

　生産された財の生産額の合計としてGDPを計算するときに用いられる生産額は付加価値計算である、つまりGDPは付加価値の合計として計算できることを学びました。ここでも食パンとバターの生産から成り立っている経済について、詳しく見てみましょう。

　消費者が食パンを製造業者から直接購入することはまれなので、コンビニで購入するものとします。農家が栽培した小麦から、コンビニで販売されるまで、食パンについて次のような設定を考えます（表5.2参照）。

　農家は自然の恵みから小麦と牧草を栽培し、牧草で乳牛を飼育し、牛乳を100円の電力を用いて攪拌し、バターを生産するものとします。すべての小麦は食パン製造会社に販売して600円、バターは500円分を食パン製造会社に販売し、残りをコンビニに200円で販売して600円の付加価値を得ます。食パン製造会社は(1)項の設定通りに小麦とバターと電力を使って食パンを製造し、すべてコンビニに販売し、1,800円の付加価値を得ます。電力会社は風力のみから電力を製造し、500円の付加価値を得ます。コンビニは、食パン製造会社から食パンを仕入れ、照明などのために電力を使って食パンを9,500円、バターを500円で家計に売り、6,500円の付加価値を得ます。

　各会社の付加価値は農家1,200円、食パン製造会社1,800円、電力会社500円、コンビニ6,500円で、付加価値の合計は1,200＋1,800＋500＋6,500＝

表5.2　食パンとバターの経済の付加価値

生産者	農家		食パン製造会社	電力会社	コンビニ	中間投入物	家計	最終生産物	総生産額
生産物	小麦	バター	食パン	電力	バター食パン	小計	消費	小計	
小麦			*600*			600			600
バター			*500*		*200*	700	*500*	500	1,200
食パン					*3,000*	3,000	*9,500*	9,500	12,500
電力		*100*	*100*		300	500			500
小計	0	100	1,200	0	3,500	4,800	10,000	10,000	14,800
付加価値	*600*	*600*	*1,800*	*500*	*6,500*				10,000
総生産額	600	700	3,000	500	10,000				14,800

（注）　イタリックは本文で言及された数値。

10,000円となります。したがってGDPは10,000円です。

　複雑なので整理すると、生産者は、農家、食パン製造会社、電力会社、コンビニで、家計は生産せずに消費だけ行います。生産される財は、小麦、バター、食パン、電力です。各生産者の生産物ごとの中間投入と付加価値を縦方向に表としてまとめたものが、表5.2になります。ここで、横方向は各生産物が、他の生産者の中間投入として使用されるのか、家計などに最終消費財として利用されるかを表します。

ワーク2

　GDPはすべての生産者の生産額を足して、1,300 + 3,000 + 500 + 10,000 = 14,800円と計算できるように思えますが、これは間違いです。その理由を説明してみましょう。

(3)　最終生産物の合計としてのGDP

　GDPがすべての付加価値の合計として計算できることを学びました。実は、GDPにはもう1つの計算方法があります。そのために次のような財・サービスの性質に注目します。この架空の経済では、コンビニによって家計

（消費者）に販売された食パンとバターは家計（消費者）が**消費**します（食べます）。ほかの財・サービスの生産のために中間投入されることはありません。このように最終的に消費されるような財を**最終生産物**と言います。この架空の経済では、消費者に販売される食パンとバター以外の財は、すべて中間投入されていますから、最終生産物ではありません。つまり、中間投入物です。そこで、あらためて消費者に販売された食パンとバターの販売額の合計（コンビニの生産額）を見てみると、それは10,000円です。

「おや、付加価値の合計も10,000円だったな。これって、偶然？」

違います。偶然ではありません。つまり、GDPは付加価値の合計であると同時に、最終生産物の生産額と等しいのです。現実の経済にはいろいろな最終生産物がありますから、次のように言うことができるでしょう。

GDP＝（その国で）1年間に生み出されたすべての付加価値の合計

GDP＝（その国で）1年間に生産されたすべての最終生産物の生産額の合計

ただし、最終生産物の意味については注意が必要です。ここでは4つの大事なことを指摘しましょう。

第1に、家計が最終的に消費するものだけが最終生産物ではありません。企業がこの1年間で新たに購入する（新品の）工場・店舗、機械・設備、運送用のトラックなども最終生産物に入ります。工場や機械・設備などには耐久性があり、1年を超えて生産活動に使用することができます。そこで、企業が新たに（新品の）工場や機械・設備などを購入することを**投資**と言い、原材料や部品など中間投入物を仕入れることとは区別して考えるのです（第1章1-3節を読み直してみましょう）。なお、投資にはいろいろな意味があり、専門的には注意を要しますが、ここでは気にする必要はありません。

ワーク
3

洋菓子店を開業するために、職人と販売員を雇い、ショーケースや大型のオーブンと冷蔵庫を購入し、材料の小麦粉や牛乳を仕入れました。これらの中で投資にあたる支出は何でしょうか。

また、政府が**政府支出**という形で購入する財・サービスなども最終生産物になります（第1章1-3節「より複雑な経済循環の図」を読み直してみましょう。また、この点は次の5-2節でもう一度説明します）。ただし、家計による消費、企業による投資、政府による政府支出が海外の企業が生産した財・サービスに向かう（つまり輸入の）場合、その分はこの国の最終生産物の生産額には入らないので気を付けましょう。

第2に、同じ財が最終生産物になることもあれば、中間投入物になることもあります。たとえば、農家はバターを生産していますが、コンビニに販売している分はコンビニで家計向けに販売されています。一方、食パンの原材料としてバターを食パン製造会社に販売しているので、前者は最終生産物ですが、後者は中間投入物になります。

第3に、ある財が外国の家計や企業などに購入される場合（日本から見れば**輸出**です）、その財は（たとえ中間投入物であっても）最終生産物になります。上の架空の経済で、食パン製造会社が生産した食パン3,000円分のうち、1,000円分を200円上乗せして1,200円で外国の販売会社に輸出し、2,000円分を（国内の）コンビニに販売するとしましょう（表5.3）。そして、（国内の）コンビニが食パンを6,500円で、バターを500円で家計（消費者）に販売し、コンビニの電力が変わらないとします。この場合、食パン製造会社とコンビニの付加価値だけが前と変わって、3,200 − 1,200 ＝ 2,000円と7,000 −

表5.3　食パンを輸出したときの付加価値

生産者	農家		食パン製造会社	電力会社	コンビニ	中間投入物	家計	海外	最終生産物	総生産額
生産物	小麦	バター	食パン	電力	バター食パン	小計	消費	輸出	小計	
小麦			600			600			0	600
バター			500		200	700	500		500	1,200
食パン					2,000	2,000	6,500	1,200	7,700	9,700
電力		100	100			300			0	500
小計	0	100	1,200	0	2,500	3,800	7,000	1,200	8,200	12,000
付加価値	600	600	2,000	500	4,500					8,200
総生産額	600	700	3,200	500	7,000					12,000

（注）　イタリックは輸出によって表5.2と変わった数値。

表5.4　中間投入物を輸入したときの付加価値

生産者	農家		食パン製造会社	電力会社	コンビニ	中間投入物	家計	海外	最終生産物	総生産額
生産物	小麦	バター	食パン	電力	バター食パン	小計	消費	輸入	小計	
小麦			600			600			0	600
石油				*300*		*300*		*− 300*	*− 300*	0
バター			500		200	700	500		500	1,200
食パン					3,000	3,000	9,500		9,500	12,500
電力		100	100		300	500			0	500
小計	0	100	1,200	*300*	3,500	*5,100*	10,000	*− 300*	*9,700*	14,800
付加価値	600	600	1,800	*200*	6,500					*9,700*
総生産額	600	700	3,000	500	10,000					14,800

（注）　イタリックは石油の輸入で表5.2と変わった数値。

2,500 ＝ 4,500円となり、GDP ＝ 付加価値の合計 ＝ 1,200 ＋ 2,000 ＋ 500 ＋ 4,500 ＝ 8,200円となります。一方で、最終生産物の合計は、食パン製造会社が輸出した分の1,200円に（国内の）コンビニが家計に販売した食パン6,500円とバター500円の合計7,000円を足した金額であり、8,200円となります。したがって、GDP ＝ 付加価値の合計 ＝ 最終生産物の合計が成立します。

　第4に、少しややこしいのですが、GDP ＝ 付加価値の合計 ＝ 最終生産物の合計という式の2つ目の等号が成り立たない場合があります。どういう場合でしょうか。それは、中間投入物の中に**輸入**品が含まれる場合です。ここまでの架空の経済では、どの財も国内で生産されていました。しかし、地震で風力発電設備が倒壊し、石油を300円分輸入して、昔使っていた石油発電設備で発電しなければならなくなったらどうなるでしょうか（表5.4）。石油採掘・精製業者の付加価値300円分は外国で生み出されているので、電力会社の付加価値は200円に下がります。GDP ＝ 付加価値の合計 ＝ 1,200 ＋ 1,800 ＋ 200 ＋ 6,500 ＝ 9,700円となります。最終生産物である食パン9,500円とバター500円の合計10,000円のうち、300円分は外国で生産された分です。したがって、これを引き算して、10,000 − 300 ＝ 9,700円とすれば、付加価値の合計としてのGDPと一致します。つまり、中間投入物の中に輸入品がある場合には、次のことが成り立ちます。

GDP＝（その国で）1年間に生み出されたすべての付加価値の合計

GDP＝（その国で）1年間に生産されたすべての最終生産物の生産額の合計−中間投入物の輸入額の合計

⑤ ② GDP の大きさを決めるのは何？

　ここまで、GDPが経済の大きさを測る尺度であることや、GDPが付加価値の合計、または最終生産物の生産額の合計（−中間投入物の輸入額の合計）として計算できることを学びました。では、GDPの大きさを決める要因とは何でしょうか。

　GDPが大きければ、または、経済成長率が高ければ、経済活動は活発ということですから、失業者（働く意思があるのに仕事がない人）も少なく、大学4年生の就職状況もよくなるでしょう。しかし、GDPが小さければ、または経済成長率が低ければ、経済は停滞していることになるので、失業者が増え、大学4年生の就職状況も厳しくなるでしょう。このように、GDPの動きは私たちの生活に密接に結び付いています。したがってGDPの大きさを決める要因を理解することは重要です。

(1) 需要（支出）側の要因

　みんながあまり買わない、あるいは、**需要**しないとき、企業はたくさんモノを生産するでしょうか。作っても売れないなら、作りませんね。すると付加価値も小さくなり、最終生産物の生産額も小さくなりますから、GDPも小さくなります。逆に、みんながたくさん買ってくれるとき、企業はたくさん作ります。するとGDPは大きくなります。

　では、みんなとは誰でしょうか。誰が需要（支出）しているのかという視点で、第1章の図1.3「より複雑な経済循環の図」を復習してみてください。日本のGDPに含まれる財・サービスを買うのは、日本の家計、企業、政府、そして、海外（の家計、企業、政府）だということがわかります。

　まず、家計による**消費**と企業による**投資**があります（投資については前節の(3)項で説明しました）。それだけではありません。政府も「買う」という役割を果たしています。第1章1−3節で学習したように、政府は橋や道路

の建設などの公共事業や、警察官を雇って私たちの生活の安全を守るという公共サービスのためにお金を支出します。これが**政府支出**です。消費、投資、政府支出が増えれば、GDPは大きくなります。

次に注目しなければならないのは海外との取引です。前節の(3)項で説明したように、日本で生産された財・サービスは、海外の企業等が購入すれば、相手国で中間投入物として扱われる場合でも、すべて最終生産物となり、日本のGDPに加えられるということに注意しましょう。日本で生産された財・サービスを海外の企業、家計、政府が買うと、その分は**輸出**になります。したがって、輸出が増えればGDPは大きくなります。

一方で、海外で生産されたものを日本の家計、企業、政府が買えば、中間投入物であろうが最終生産物であろうが、日本にとっては**輸入**となります（日本の家計による消費、企業による投資、政府による政府支出の中には、外国で生産された分も含まれますが、それらはすべて輸入となるので注意します）。輸入が増えるということは、その分だけ需要が外国の財・サービスに向かうわけですから、日本のGDPは減少します。

以上のことをまとめましょう。GDPを誰が需要するのかという視点で見ると、次の式が成り立つことがわかります。

GDP＝消費＋投資＋政府支出＋（輸出－輸入）

ここで、最後の（輸出－輸入）は**純輸出**と呼ばれています。

純輸出＝輸出－輸入

また、消費、投資、政府支出、純輸出の合計を**総需要（総支出）**と言います。したがって、**総需要が増える（減る）とGDPが大きくなる（小さくなる）**ということがわかります。

2019年の日本の名目GDPと実質GDP（10億円、2015年基準、連鎖方式）は表5.5の通りです（2020年12月8日内閣府発表の2次速報値）。名目GDPのほうが実質GDPよりも大きく、物価が基準年よりも上がっていることがわ

表5.5　2019年の名目GDPと実質GDP（2015年基準、連鎖方式）

(10億円)

2019 暦年	国内総生産	消費	投資	政府支出	純輸出
名目 GDP	561,267.00	305,618.80	115,616.80	140,206.00	－ 174.70
実質 GDP	555,798.80	301,832.50	113,955.90	138,354.20	1,791.40

（出所）　内閣府経済社会総合研究所、国民経済計算（GDP統計）。

かります。

> 　2019年の日本の名目GDPに占める消費、投資、政府支出、純輸出はそれぞれ何パーセントですか。表5.5の数値を使って求めてみましょう。

(2) 供給（生産）側の要因

　みんなが買ってくれるとしても、労働してくれる人や、機械などが少なかったら、たくさん生産できるでしょうか。できないですよね。つまり、**労働**、**資本**、**土地**といった**生産要素**の量（大きさ）や生産の**技術**が**生産能力**を決め、それがGDPの大きさを決めるという面もあるのです。経済全体での生産活動を**総供給**と呼ぶことにすれば、総供給の大きさを決めるのは、生産要素の量（大きさ）や生産技術だということになります。

　しかし、労働以外の生産要素や生産技術と生産の関係を連関して理解するには、マクロ経済学を学ぶ必要があるので、ここでは産業ごとのGDP（＝付加価値）と就業者数に限定して、1980年からの変化を見ておきましょう。

　図5.1、図5.2からは、第3次産業の名目GDP比率、就業者数比率がともに一貫して拡大し、第1次産業の名目GDP比率、就業者数比率が一貫して縮小していることがわかり、労働（就業者数）と生産の間の関係は明白に見えます。しかし、第2次産業の就業者数比率は低下を続けていますが、名目GDP比率は下げ止まっています。

　第1次・第3次産業と第2次産業の差は、ここでとりあげていない資本や技術の変化による影響が大きいのです。第2次産業では、労働者1人当たりの資本額の増加や、技術の進歩により資本1単位当たりの生産への貢献が第1次・第3次産業よりも上昇していることが要因と考えられます。

　こうした生産要素の量や生産技術の水準は短期的には変化しません。これらの要因がGDPに及ぼす影響は**長期**の視点で見る必要があります。しかし、**短期**的なGDPの動きは、前の(1)項で説明した需要側の要因で決まってくると考えるのが妥当でしょう。そこで、本章の最後に、最近の日本経済の動きを

図5.1 産業別名目 GDP 比率

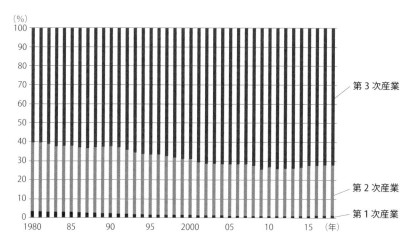

（出所） 内閣府経済社会総合研究所、国民経済計算（GDP 統計）。

図5.2 産業別就業者数比率

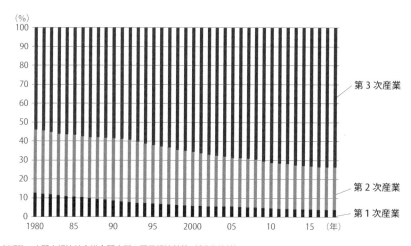

（出所） 内閣府経済社会総合研究所、国民経済計算（GDP 統計）。

需要側から見てみましょう。

　図5.1、図5.2と本章の記述をもとにして考えてみましょう。
(1)　第1次産業、第2次産業、第3次産業それぞれの1980年から2018年までの変化の特徴をまとめ、グループで共有しましょう。
(2)　各産業について、(1)の変化の特徴と同じ傾向をもつ企業を1つずつグループで話し合って選び、その理由をまとめてみましょう。具体的な企業名が定まらない場合、「兼業農家」など一般名詞による表現でもかまいません。

(3)　需要（支出）側から見た最近の日本経済の動き

　第4章で学習した経済成長率で最近の日本経済の動きを見てみましょう。図5.3の折れ線で示したのが実質GDPで見た経済成長率の動きです。第14章で詳しく学びますが、**バブル崩壊**後の1990年代に日本経済は低迷しました。**平成不況**とか「**失われた10年**」と呼ばれています。したがって、図5.3に示されている実質GDP成長率の推移の前半部分は、この失われた10年の時期

図5.3　実質GDP成長率と需要項目別寄与度

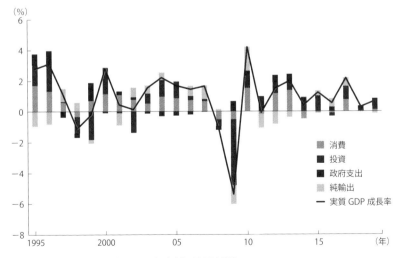

（出所）　内閣府経済社会総合研究所、国民経済計算（GDP統計）。

に該当します。この時期の経済成長率はそれ以前と比較して非常に低くなっています（このことも第14章で詳しく学びます）。

　また、この図5.3から明らかなように、経済成長率は上がったり、下がったりしていますね。これを**景気変動**とか**景気循環**と言います。(1)項では、こうした（短期的な）変動の要因が需要側にあるということを学びました。そこで各年の経済成長率を4つの需要項目に分解しましょう。

GDP成長率＝消費寄与度＋投資寄与度＋政府支出寄与度
＋純輸出寄与度

　ここで、**消費寄与度**とは、GDPの成長に消費がどれだけ貢献したか、あるいは、がんばってくれたか（マイナスの場合は、どれだけ足を引っ張ったか）を表します。**投資寄与度**とは、GDPの成長に投資がどれだけ貢献したか、あるいは、がんばってくれたか（マイナスの場合は、どれだけ足を引っ張ったか）を表します。**政府支出寄与度**と**純輸出寄与度**についても同じように考えてください。

　この図から消費寄与度が平均的に見て1％程度のプラスの影響を成長率に与えていることがわかります（約1％が消費のがんばりということです）。消費の動きはマイナスに転じることはあまりなく比較的安定していると言えます。ところが投資の変動は激しくて、成長率の上下に大きな影響を及ぼしています。

　たとえば1997年から1998年にかけて大きく成長率が低下してマイナスになったのは、投資寄与度がプラスから大きなマイナスに転じたからです。その背景には**不良債権問題**などがあります。また、この時期には**デフレーション**（物価の継続的下落）が定着し、以後、最近に至るまで物価下落の傾向が続くことになりました。政府は1998年に経済が停滞したことを受け、1999年に政府支出を増やし、経済活動の低迷を防ごうとしました。このことは政府寄与度の動きを見れば明らかです。

　1998年から2000年代にかけて、政府や日本銀行は、不良債権問題やデフレーションに対して金融面からの政策も講じました。2007年あたりまでには不良債権問題は終息に向かい、その後成長率が低いながらも2002年から2007年までは経済の拡大が続いたのです。ただし、それを支えたのは消費や投資に加え、純輸出、つまり、アメリカや中国などからの需要であったことには注意が必要です。

ところが、2008年には、すでに2007年に顕在化しつつあったアメリカの**サブプライム・ローン問題**に端を発した金融危機を引き金に全世界の需要が落ち込み（世界同時不況です）、投資が大きく減少したため、成長率はマイナスになりました。2009年には投資が大きく減少し、純輸出も減退したため、成長率のマイナス幅は拡大しました。2010年には、中国向けの輸出の回復と環境対応製品に対する補助金や減税により成長率がプラスに転じましたが、2011年には、産油国の政情不安による原油価格の高騰に始まり、**東日本大震災**によって被災した東北地方の工場からの日本国内外生産拠点への部品供給の停滞（サプライ・チェーンの麻痺）や高速道路などのインフラストラクチャーが破壊されたこと、さらには、**福島第一原子力発電所の事故**に端を発する電力供給の大幅低下などから、再びマイナス成長となりました。2012年は震災の復興需要などがあり、プラス成長に転じたこともあってやや景気は回復し、2013年になると実質GDPの水準はようやく2007年の水準まで戻すことができました。

　2012年末の総選挙で安倍政権は、積極的な金融緩和政策、機動的な財政政策、民間投資を喚起する成長戦略の「三本の矢」（アベノミクスと呼ばれています）を打ち出しました。

　2020年の東京オリンピックに向けた道路などの整備に向けた東京都の投資（政府支出には国だけでなく地方自治体の支出も含まれます）や、海外からの旅行客の増加により、2017年は需要が旺盛に推移しました。アベノミクスが求めたような国内産業の構造改革の効果として経済成長が加速したのでしょうか。

　2018年以降について、図5.3を四半期（1年を3カ月ごと4つに分割）データで、また輸出と輸入を分けて詳しく見てみましょう（図5.4）。なお、輸入はGDPから引き算する項目なので輸入が減少するとプラスの寄与となり、輸入が増加するとマイナスの寄与となり、国内需要の増減に応じて増減します。輸出は海外の需要の増減に応じて増減します。

　2019年は1年間のグラフではプラスの成長ですが、四半期グラフでは第4四半期が大きなマイナス成長となっています。消費税が10月に引き上げられたためですが、2020年に入っても増税の影響が続くのか心配されていたところに新型コロナウイルス（COVID-19）問題が発生しました。第1四半期（1〜3月）の後半からCOVID-19の影響が拡大し、国際的な人の移動がほぼな

図5.4 四半期実質GDP成長率と需要項目別寄与度

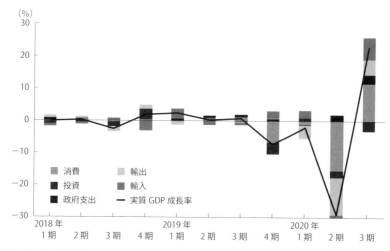

（出所）　内閣府経済社会総合研究所、国民経済計算（GDP統計）。

くなり、日本国内に限っても、広範囲な業種への営業自粛と不要不急の移動の自粛が国民に要請され、消費が大きく減少しました。第2四半期の経済成長率は年率で－27％と、第2次世界大戦後GDP統計が整備された1955年以降最悪の縮小となりました。他の先進国も軒並み－40～－30％の大幅な縮小となりました。第3四半期はGoToトラベルなどの消費喚起策によって実質GDPは23％増加しました。しかし、12月に入って新型コロナウイルスの感染状況は急激に悪化し、GoToトラベルの停止や飲食店の営業時間短縮など消費が縮小せざるをえない感染抑制策が打ち出されました。COVID-19の早期の終息が望まれます。

　新型コロナウイルス問題により世界経済に大きな影響が出ています。みなさんが「日本の経済」を学んでいる今、この問題が日本経済に与えた影響を論じた記事や論説が多く出ているでしょう。第4、5章で学んだGDPを用いてこれらの記事や論説を分析してみましょう。

①　日本経済への国内要因による影響と輸出入を通じた影響、この2つの点について、どちらを主に論じているのか調べましょう。

② 国内要因において、需要側と供給側のどの部門（産業）に与えた影響を論じているのか、また他の部門（産業）との関係についてどのように論じているのかまとめましょう。

発展課題❷

① 図5.3からは1997年に政府支出が減少し、また2003年から2006年にかけても政府支出が減少したことがわかります。このことの背後にはどのような理由があるのでしょうか。当時の政府の政策方針などを調べてみましょう。
② 2019年の第2・3四半期の政府支出増加の理由を調べてみましょう。
③ 2020年の新型コロナウイルスによる経済活動の低迷に対して政府はどのような政策を行い、政府支出がどのように変化しているのか調べてみましょう。

これからの学習

　第4章と第5章は、マクロ経済学に対する入門的な内容になっています。もう少し詳しく勉強したい人はぜひマクロ経済学を受講しましょう。GDPに関するデータなど、統計データの調べ方や使い方は統計学でさらに詳しく学べますので、こちらも受講してください。そのほか関連する科目としては、ミクロ経済学、国際経済学などがあります。

読んでみよう！

第4章・第5章に関連する参考書をあげます。
① 石川秀樹『試験攻略入門塾 速習! マクロ経済学 2nd edition』中央経済社、2019年。
② 井堀利宏『入門マクロ経済学（第4版）』新世社、2020年。
③ N・グレゴリー・マンキュー著、足立英之ほか訳『マンキュー　マクロ経済学Ⅰ 入門篇（第4版)』東洋経済新報社、2017年。
④ 伊藤元重『はじめての経済学』上・下、日経文庫、2004年。

 調べてみよう！

　GDP データの多くは、内閣府の web サイトから入手できます。統計デー
タを調べることはなかなか難しいのですが、ぜひ、チャレンジしましょう。
国際比較データは、OECD の統計サイトから入手できます。英語のサイトで
すが、国際経済に興味のある人には 1 度は見てほしいサイトです。
内閣府の国民経済計算（GDP 統計）
　https://www.esri.cao.go.jp/jp/sna/menu.html
OECD の統計サイト　https://stats.oecd.org/

第6章
企業って
何をしているの？

　第1章で学んだ経済循環の構成要素の1つに「企業」がありました。第1章図1.1あるいは図1.2に描かれている通り、企業とは雇用の機会を提供して賃金を支給したり、私たちが必要とする財・サービスを直接・間接に提供したり、そうした活動を通じてあげた利益から税金や配当を払って社会的に有益な活動をする存在です。本章では、特に財やサービスの提供という側面を中心に学ぶことにしましょう。

　おそらくみなさんも、特に身近な企業（たとえばコンビニエンスストアや、外食チェーン等）ならば、直観的に企業が何をするのか、どのようにして利益を得ているのか、ということについてなんとなくは理解しているでしょう。

　しかしいかに身近な企業であっても、コンビニエンスストア業界の中でもなぜセブン-イレブン・ジャパンが売上・利益ともに1位なのか、サイゼリヤがなぜあれだけの低価格で商品を提供できているのか、iPhoneを販売しているAppleがどのようにして高い利益率を達成しているのか、といった少し深いところまでは簡単にはわかりません。また、B2B（Business to Business: 企業間取引）企業など、販売している商品があまり身近とはいえない企業についてはどうでしょうか。あるいは、メルカリの登場によってブックオフやゲオといった企業はどのような影響を受けたのか、Netflixの登場でコンテンツ企業はどのような影響を受けたのか、といったことも簡単には説明しづらいのではないでしょうか。

　本章は、紙幅の関係からこれらの問題にそれぞれ答えを出すことはできませんが、こうした一段深い問題を理解するための第一歩として、企業とは何なのか、企業が利益を創出するメカニズムはどのようなものなのかを学んでいくことにします。

....

1. 企業とは何か説明できるようになる。
2. 利益獲得のメカニズムを説明できるようになる。
3. 経営学の関連科目の「地図」を作ることができる。

....

 **事前学習**

　本章を熟読したうえで、次のことを調べて自分なりの考えをまとめてきてください。

(1)　次の企業の中から1社選んでください（オリエンタルランド／日本マクドナルド／任天堂／ナガセ（東進ハイスクール、四谷大塚などの教育事業を行う））。

(2)　その企業が保有している「能力」は何ですか。3つまであげるとともに、その理由を書いてください。

(3)　その企業の「位置取り」の特徴はどのようなものですか。また、そう考えた理由を（特にライバル企業と比較するなどして）書いてください。

ワーク 1

　事前学習で考えてきたことをグループで共有し、他のメンバーの意見で特に参考になったこと（たとえば、その企業を代表する特徴だけれども思いつかなかったことなど）を書いてください。

6 1 　企業とは何か

　はじめに、企業とは何かということを考えます。

　通常、企業とは営利目的に限らず、継続的意図をもって経済活動を行う経済単位のことを意味します。一般に「会社」や「法人」は「企業」に内包さ

れる存在です。おそらくみなさんは、中小企業だとか営利法人、学校法人、株式会社など、さまざまな「企業」に類する言葉を聞いたことがあるでしょう。これらの細かな分類も知識としては重要ですので、後のコラム「企業の種類」で簡単に解説することにします。本章では、より実際的な定義から企業について考えましょう。特に以下の議論では、**営利法人**の中でも**株式会社**について考えることにします。

　株式会社とは、営利事業を行うために必要な元手となる資金を、**株式**を発行して集めている会社のことです。この事業資金を提供する出資者は、株式を所有する**株主**となります。株式会社の大きな特徴としてあげられることは、株主には有限責任しかないことです。株主は、会社が債務を負った場合、出資した額までの負担義務を負うだけで、それ以上の責任を負う必要はありません。これを**有限責任**と言います。株式会社が事業に失敗し大きな借金が発生した場合でも、株主は、自分がもっている株式の価値はなくなりますが、それ以上の金銭的な負担義務（つまり借金を返済する義務）はありません。ですから、会社は少額の出資が可能な株式を発行することによって、広く出資を募ることができます。他方、出資したいと考える人は、有限責任であることから（安心して）自分に応じた資金の範囲で出資することができます。では、株式会社に出資して株式を所有する株主は、どのような権利をもっているのでしょうか。株主は、会社の（税金を払った後の）利益から配分される**配当**を得る権利をもっています。会社が利益をあげられない場合には、通常、配当はありません。また、株主は、一般に**株主総会**での議決権をもっており、会社役員を選任し経営の重要事項などを決定します。そして、実際の経営を担うのは、会社役員の**取締役**たちになります。

　それでは、あらためて問いましょう。株式会社等の企業とは、いったいどんな存在なのでしょうか。日本の経営学者である伊丹敬之は、企業を「**技術的変換**という仕事を行い、それによって**付加価値**という成果を生み出している」存在としています。ポイントは、「技術的変換」と「付加価値」です。まずはこの2点に絞って学んでいきましょう。

コラム

企業の種類

企業には国や地方自治体などの資金で設立される公企業、国・地方自

治体以外の私的な個人や団体が出資する私企業、国・地方自治体や私的な個人・団体が資金を出し合う第3セクターの3つがあります。このうち私企業には、1人の個人が出資している個人企業と、2人以上が共同で出資する共同企業があります。さらに共同企業には、法律上人間のように権利・義務をもつ存在として扱われる「法人」である法人企業と、法人ではない非法人企業があります。広い意味では、会社というときはこの法人企業を指します。

　法人企業には営利を目的とした営利法人と営利を目的としない非営利法人（公益法人、学校法人、社会福祉法人、宗教法人、NPOなど）、中間の性格をもつ法人（労働組合、信用金庫、協同組合など）があります。会社という場合、営利法人を指すことが一般的です。さらに営利法人には、2006年5月に施行された会社法に基づき設立される株式会社、合名会社、合資会社、合同会社の4つの種類が存在します。

(1) 技術的変換

　技術的変換とは、大雑把にいえば、企業固有の技術や知識、経営の仕方、ノウハウを用いて「利潤を生み出す行為」のことです。具体的には、トヨタ自動車やソニーといったものづくり企業なら、買ってきた部品を組み立てて高品質な自動車やゲーム機に作りあげることが技術的変換です。コンビニエンスストアなら独自の商品発注システムの活用や陳列の仕方、大量の情報を活かした商品開発などがあてはまるでしょう。街角のラーメン店なら独自のスープの製法やチャーシューの味付け、大将の人となりなどを用いることといえるでしょう。大学の食堂にも、学生が好むような味に料理する技法や、学生の懐に優しい値段で料理を提供する技術があるわけです。これらはある意味わかりやすく、技術（文字通りのテクノロジー、もしくはテクニック）がある企業だといえるでしょう。

　では、何か財を作っているわけではないサービス業ではどうでしょうか。サービス業であっても技術的変換は存在します。たとえばクロネコヤマトで知られるヤマト運輸のような商品の配送を担う企業は、時間通りに大量の荷物を届けるために、効率的なルートをたどって集荷・配送を行うシステムを保有しており、この工夫こそが技術的変換といえます。東京ディズニーランドを運営するオリエンタルランドも、人気コンテンツの世界観を崩さずにア

トラクションに落とし込む工夫や、接客のノウハウを用いた技術的変換を行っているといえるでしょう。

　いまあげたような企業は、すべて「容易には手に入らない財・サービス」を提供しています。身近な例でいえば、行きつけのラーメン店の味を真似してみようと思ってもそう簡単には実現できません。同様に、部品を買ってきたからといって、市販されているような自動車と同等の走行性能や安全性をもった自動車を組み立てることはできません。つまり、こうした容易に手に入らない財・サービスを提供するための企業努力、すなわち技術的変換を担ってくれているのが企業なのです。

⑵　付加価値

　しかし、企業独自の技術的変換によって生み出された財・サービスも、市場で売れなければ意味がありません。そこで重要になるのが第5章で学んだ付加価値という考え方です。もう一度、付加価値について考えてみましょう。

　第5章で学んだように、付加価値とは生産額から中間投入額を引いたものであり、言い換えれば、**売り上げた金額と外部から調達したインプット**（原材料費や水道光熱費など）**への支払金額の差額**です。つまり、付加価値とは企業が外部の市場から手に入れたものにどのくらいの価値を付け加えて市場で売ることに成功したかを意味します。たとえばコンビニで売られている商品の価格には、仕入れた商品の原価や配送費、人件費などを十分に回収できる付加価値が付与されていると考えてよいでしょう。

　この付加価値という考え方は、技術的変換を個人が趣味で行うことと仕事で行うこととを区別するものです。たとえば、みなさんは絵を描くのが得意であるとしましょう。キャンバスや絵の具などを購入してきて、素晴らしい絵を描きました。これはみなさんのもっているスキルを活かした立派な技術的変換です。しかし、残念ながらこれだけでは付加価値が発生したとは言えません。なぜなら、この時点では絵が売れていないからです。市場で絵が評価されておらず、需要がない状況だからです。市場に公開され、需要が生まれ、その絵をインプット、すなわち絵を描くために買いそろえた道具や電気代などの合計額以上の価格で販売できたとき、はじめて付加価値を創造できたといえます。こう考えると、最終的な販売価格は決して安い価格にはなり

ません。しかしそれでも売れるのであれば、それは需要があったということです。

　つまり、**企業の売上とは需要によって決まり、その需要を満たせる財やサービスを作って市場に届けることができるか否かは企業の技術（スキル、知識、ノウハウ等）によって決まる**のです。言い換えるならば、「**企業は需要と技術をつないでいる**」と言えます。

　企業が「需要と技術をつなぐ」ことで付加価値を生み出す存在であることがわかりました。だとすれば、株式会社は、株主から出資してもらって「需要と技術をつなぐ」仕事をしていると言えますね。株主が出資する目的の1つは、会社が稼いだ利益から配当がもらえることですが、では、そもそも利益はどこから出てくるのでしょう。ズバリ、これまで見てきた付加価値からです。**利益**は付加価値から賃金、利子、地代などを引いたものになります。会社にとって賃金などは費用になります。したがって、利益は売上から費用を引いたものと言い換えることもできます。会社が「もうける」とか「営利」などという場合、この利益を追求することを意味します。しかし、付加価値が生まれるからこそ利益が実現するのだということを忘れないでください。ちなみに、利益にはさまざまな種類があります。詳しくは会計の授業で勉強することになりますので、まずは本章の利益の考え方を覚えておいてください。

⑥②　付加価値発生のメカニズム

　ここまでの議論から、付加価値は需要から発生するということは理解できたでしょう。それでは、付加価値の源泉となる需要が存在しているというのはどのような状態なのでしょうか。はじめに、ちょっとしたたとえ話をしたうえで、需要がある状態とはどういうことなのかを考えていくことにしましょう。

⑴　田中将大選手の年俸の話
　唐突ですが、野球選手の田中将大選手をご存じでしょうか。田中選手は2014〜2020年までメジャーリーグのニューヨーク・ヤンキースで活躍した

サンフランシスコ発のアパレルブランド
「Everlane（エバーレーン）」

　アパレル製品の価格は、おおむね市場の平均価格を参考に設定されると言われています。ファッションのトレンドになるような商品を自社や競争相手が大量に生産すれば、自然と価格が下がり、売れるようになった結果としてファッションのトレンドは形成されていきます。もし多めに生産し売れ残ったとしても、季節の変わり目にセールを行うことでお客さんを集めて売り切ることを狙うわけです。たとえばユニクロは、こうした大量生産を行うことで、低コストでの技術的変換を行い、付加価値を獲得しています。

　それに対してサンフランシスコ発の新しいアパレルブランド「Everlane」は、少品種少量生産の高品質の製品を低価格で、インターネット上で販売するブランドです。一般的なアパレルブランドが四半期ごとに新しいコレクションを提供するのに対して、Everlaneは毎月新しいコレクションをリリースしています。季節ごとのセールはありませんが、少量生産ですから毎月必ず売り切れます。逆に言えば、売り切れる量しか生産していないのです。毎月新しいコレクションを作り出すデザイナーのノウハウやスキル、少量生産で売り切る経営スキル、インターネット店舗の運営スキルなどを用いて、技術的変換を行っているわけです。

　また、Everlaneは高級ブランドと同じ工場で生産しています。そのため、高い品質を実現できていますが、一方で大量生産のブランドと比べるとややコスト面では不利になってしまいます。低価格にできているのは、実店舗をもたないこと、毎月売り切ることで在庫の費用を抑えられていることが理由です。それでも、ユニクロ等と比較すればやや高価格になってしまうため、Everlaneは原材料費・人件費・輸送費などのコストがどの程度価格に転嫁されているのかを公開しています（普通、こうしたコストは公開されません。他のアパレルブランドの原価を調べてみてください）。どれだけの費用で作られているのかを示すことで、お客さんは価格に納得することができるわけです。こうして「高品質」にそこそこの「低価格」、それに加えて価格への「納得感」という要素から需要が生じ、Everlaneは付加価値を創出することができているのです。

投手で、2015年時点では2200万ドル（日本円で約23億円）の年俸をもらっていると言われています。当時の日本人の野球選手としては世界最高の金額なのですが、なぜ田中選手はこれだけの年俸をもらえているのでしょうか。

　おそらく、「田中選手が優れた選手であるから」と考える人が多いのではないでしょうか。しかし、この答え方は田中選手の年俸を説明するには十分とはいえません。なぜなら、2013年、田中選手は東北楽天ゴールデンイーグルスで24勝0敗という凄まじい成績を達成しましたが、その時点での年俸は4億円だったとされています。2013年のシーズンで田中選手は確かにものすごい成績をたたき出したとはいえ、2015年のシーズン開始までに田中選手本人の能力が年俸を20億円近く押し上げるほど向上したということがありうるでしょうか。このほかにも、田中選手の人気（集客力やグッズ販売への期待）を見込んだ額だという答え方もありえますが、はたしてこれも20億円押し上げるだけの原因となりうるのか疑問が残ります。

　田中選手のもっている能力（人気も能力の一側面でしょう）以外で説明しようとするなら、最も簡単な説明の仕方は、田中選手が日本からメジャーリーグに移籍したからであると説明すればいいでしょう。つまり、日本ではトッププレイヤーでも5億円程度の年俸しか獲得できません（それでも十分すぎるくらいに高い年俸ですね）が、メジャーリーグのトッププレイヤーなら3700万ドル（約40億円）近くの年俸も獲得しうるからです。メジャーリーグの細かな説明は省きますが、つまりは日本の野球ではなくメジャーリーグという環境を選んだことで田中選手の年俸は急激に上昇したと考えられるのです。

　このことが意味しているのは、田中選手の年俸は本人の「能力」と「環境（その環境を選んだ、位置取り）」によって決まっているということです。仮に田中選手の能力が高かったとしても、メジャーリーグや日本の野球ではなく、もっとマイナーなスポーツをやっていたとしたら、今ほどの年俸はもらえていなかったでしょう。あるいは、プロ野球選手になったからといって、能力がなければ十分な年俸はもらえなかったでしょう。

　この例は、田中選手に限ったものではありません。高額の報酬を獲得しているプロスポーツ選手は別のスポーツでも活躍できる身体能力があるかもしれませんが、活躍中のそのスポーツに身を置くという環境を選んだこともまたその報酬の大きさにつながっています。また、芸能人などでも同様です。

見た目や話術などの能力が決定的に重要そうに思えるかもしれませんが、それらを活かせる場所は他にもあるにもかかわらず芸能界という環境を選んだこともまた重要だったわけです。

実は、企業の付加価値や利益もこの「**能力**」と「**位置取り**」から考えることができます。ここでいう能力とは、前項で何度も出てきた技術やノウハウ、知識などです。一方で、そうした能力があったとしても、企業が付加価値を得られるのは需要があるときでした。すなわち、需要が存在するような環境にいるとき、企業は付加価値を得られると考えることができます。

(2)　企業の能力──リソース・ベースト・ビュー

それでは、企業の「能力」とは具体的にどのようなものでしょうか。

経営学では、企業の競争力を決定する要因の1つは**経営資源**であると考えてきました。経営資源とは、**ヒト・モノ・カネ・情報**の4つを指します。ヒトとは、企業で働く「人財」のことです。モノとは企業が所有する物理的なモノ、すなわちパソコンや机、輸送用の自動車、工場などのことです。ここでいうヒトやモノは、第1章で学んだ生産要素に対応しています。カネとはそのままずばりお金のことですが、現金だけでなく株式や債券なども含まれます。最後に、情報とは企業が所有している形のない財産のことを指します。技術やノウハウ、特許、顧客についての知識などが含まれます。

さて、経営資源の1つである情報とは、技術的変換を行うための技術や知識、ノウハウとほとんど同じものと考えてよく、これが企業の保有する「能力」です。経営学者であり経営コンサルタントのゲイリー・ハメルとC・K・プラハラードは、他社に真似できない中核となる能力のことを「**コア・コンピタンス**」と呼びました。また、伊丹敬之は、ヒトが創り出し学習・蓄積した情報のことを「**見えざる資産**」と呼びました。

どのような呼び方であれ、企業が付加価値を獲得するために、その保有する能力、とりわけ情報という経営資源を重視する考え方を**リソース・ベースト・ビュー**と言います。この考え方に基づいて企業を経営するには、目に見えない「能力」を意識し、発展させることこそ重要な課題となります。そのためには、自社にとっての本質的な経営資源が何であるのかを認識することが決定的に重要です。

「能力」は目に見えないものであるがゆえに、企業の外部からその「能力」

を特定することは簡単ではありません。しかし、有名な例をいくつかあげるならば、トヨタ自動車のトヨタ生産方式や本田技研工業のエンジン技術、Netflixのレコメンド機能等があります。また、みなさんの行きつけのラーメン店にも、秘伝のタレの製法などのコア・コンピタンス、あるいは見えざる資産があるかもしれません。

> 　ここまでで企業の能力や、その源泉である4つの経営資源（ヒト・モノ・カネ・情報）について説明してきました。以下は、代表的な企業のリソースです。それぞれがヒト・モノ・カネ・情報のどれにあてはまるか、考えてみてください。
> (1)　データ分析に長けたアナリスト
> (2)　著作権
> (3)　データ分析ソフトのインストールされたパソコン
> (4)　潤沢な現金預金
> (5)　特許
> (6)　財務管理に精通した経理人員
> (7)　運搬用の自動車
> (8)　人の心をつかむのがうまいチームリーダー
> (9)　債券
> (10)　効率的な生産を行うための設備
> (11)　効率的な生産を行うためのノウハウ
> (12)　有能な技術者

(3)　企業の位置取り——ポジショニング・ビュー

　田中選手の例でも述べた通り、企業経営においては企業の保有する能力だけでなく、企業の位置取りもきわめて重要になります。

　ここで、企業の位置取りとは、**ポジション**（立地、地位）とも言われます。立地とは、お客さんを多く獲得できそうな駅前に出店するとか、「炭酸飲料といえばコカ・コーラ」のように人の心の中にうまく入り込むということです。また、地位とは、必ずしも企業が狙って簡単に獲得できるものばかりで

はありませんが、リーダー企業であるとか、ごく一部の熱心なファンが存在するニッチ企業であるといったことです。たとえば袋入りポテトチップス市場では、圧倒的なリーダー企業といえばカルビーですが、わさビーフで知られる山芳製菓はごく一部の熱心なファンがいるニッチと考えてよいでしょう。

▶コラム◀

ニッチ

　一般にもよく使われる用語である「ニッチ」とは、本来「すきま」を意味する言葉です。企業経営におけるニッチとは、市場で競争を繰り広げるライバルたちの「すきま」を意味します。すなわち、リーダー企業やリーダーに対するチャレンジャー企業が市場のボリュームゾーン（≒主流のお客さんだと考えればよいでしょう）を取り合っているのに対して、ニッチ企業はあえてボリュームゾーンを狙わずに、自社の熱心なファンや、新奇のニーズをもつ顧客など、限られた市場を対象に経営しています。こうした戦い方（≒戦略）は、いわば「戦いを避ける戦い方」だといえるでしょう。

　類型化して述べることは現実を単純化しすぎてしまうためやや危険ではありますが、あえて一般にニッチ戦略をとっているといわれている企業をあげるならば、たとえば自動車メーカーのSUBARU（量を追わず、自社のファンを重視）やポテトチップスを製造している山芳製菓（主流であるコンソメ味やうす塩味を製造せず、独特の商品であるわさビーフなどに特化）、ファストフードのフレッシュネスバーガー（一見健康に悪そうにも見えるハンバーガーチェーン業界で健康志向に特化）などがあります。

以上のような位置取り・ポジションに注目して、どのポジションを取ると利益が出るのか、あるいは出にくいのかということを基本にした考え方をポジショニング・ビューと言います。**ポジショニング・ビュー**の代表的な考え方としては、たとえば経済学者・経営学者のマイケル・ポーターは自社の属する業界の構造を分析し、利益を獲得できる要因を探り出すためのフレームワークを整理しました。また、経営学者の加藤俊彦はポーターの知見を応用して、企業の利益を決定する要因は取引相手とのパワー関係であると指摘

し、そのパワー関係を自社にとって有利なものに変化させることが企業経営には不可欠であるとしています（章末の「読んでみよう！」の②を参照）。

ポジショニング・ビューの観点からは、企業が付加価値を獲得するためには、そもそも需要のある位置取りをしなければならないということが示唆されます。そして、その位置取りとは、単にもうかりそうな立地を獲得するということではなく、付加価値の発生するメカニズムを解明して、自社にとって有利な状況を作り出していく主体的な取り組みであることを意識する必要があるでしょう。

⬤6 ⬤3 最後に

以上のような能力と位置取りを通じて、企業は付加価値を獲得します。改めてまとめるならば、企業とは技術的変換を通じて付加価値を得る存在であり、技術的変換を行うために企業は能力を保有し、付加価値を得るための需要に対応するために位置取りを決めていきます。身近な例で考えるならば、個人経営のラーメン店を出店しようとするとき、技術的変換を行うための能力としてスープの製法などを身につけたとします。しかし独自のスープの作り方があったとしても、たとえば団地に出店するか、オフィス街に出店するか、といった立地によって需要は変わりますし、また、出店予定地にすでにとんこつ系のラーメン店が多数存在するのにとんこつ系ラーメンの店を出すのは賢明とはいえないでしょう。このように、能力と位置取りの双方を考えてはじめて企業は付加価値を獲得できるようになるのです。

本章では、企業の本質的な活動を、技術的変換を通じた付加価値の獲得ととらえ、そうした活動をリソース・ベースト・ビューとポジショニング・ビューの2つの観点から解説しました。しかし、実際には企業が行わなければならない諸活動はさらに多次元に及びます。以下では本章のまとめとして、企業の社会的役割に関して述べたうえで、今後学修を進めていくみなさんにぜひとも学んでもらいたい分野を紹介します。

本章では企業の目的は「付加価値（あるいは利益）の獲得」であるという前提で議論を進めてきました。この議論の元になっているのは、ミルトン・

フリードマンという経済学者の「企業の社会的責任は自社の利益を増やすことである」という主張です。これはただお金を稼げばいいと言っているのではなく、利益をあげ、納税を通じて社会に還元するべきだということです。

しかし、この考え方がいきすぎてしまい、付加価値（あるいは利益）の獲得ばかりを目指した活動に注力しすぎると不祥事などが生じかねません。2019年にはかんぽ生命やレオパレス21、日産自動車等で不祥事が起きましたが、そうした問題は少なからず利益を追求しすぎた結果であると考えられます。このように、これまでは利益と社会的責任はトレードオフであるかのようにとらえられてきたのです。

では、企業はどのようにして自社の利益と社会的責任の両立を考えればよいのでしょうか。近年経営学の領域では、**CSV（Creating Shared Value: 共有価値の創造）**という考え方が普及してきました。社会的な課題を解決することを通じて、経済的価値と社会的価値の両方を創出することを目指すべきであるという考え方です。たとえばGogoroという企業は、二酸化炭素を削減するために電動スマートスクーターを事業化し成功しています。このような成功事例は珍しいものではありますが、いまや企業には単に利益を追求するだけにとどまらない社会的役割が求められています。こうした要請は、世界的なトレンドでもあります。

2015年の国連で開かれたサミットにて、持続的な開発のための指針として**SDGs（Sustainable Development Goals: 持続可能な開発目標）**が定められました。そこには、「ジェンダー平等を実現する」「働きがいと経済成長の両立」「産業と技術革新の基盤を作る」など、政府だけでなく、企業も取り組むべき指針が定められています。つまり企業は、社会の重要な一員として役割を果たすことがきわめて重要であるといえるでしょう。さらにいえば、ビジネスという側面から社会的課題を解決しようとしていく**企業家（アントレプレナー）**的な人材こそ、いまの社会には求められています。

以上のような問題についての知見を深めるためにも、企業が果たすべき社会的責任とはなんなのか、組織と人との付き合い方はどのようなものであるべきなのか、「ガバナンス」や「人材マネジメント」といった分野をぜひ学んでください。

また近年、企業はいくつもの難問にさらされていますが、その中でもとり

わけ大きな問題が国際化と技術革新です。いまや多くの日本の企業は複数の国に展開したり、日本以外の国の企業と取引関係をもったりすることも多く、日本の論理が通用しないことも少なくありません。また、特に2000年代以降の技術環境の激変は、産業構造を大きく変化させ、かつては日本企業の得意分野であったエレクトロニクス等では海外の企業の後塵を拝しています。こうした問題を考えるには、基本となる能力や位置取りといった考え方と同時に、国と国の違いを認識するためのフレームワークや技術変化に対する考え方、最新の技術的動向などを扱う「国際経営」や「イノベーション論」を学ぶ必要があります。

　その他にも、本章の議論をさらに発展させた「経営戦略論」や「マーケティング」、企業活動を実際に計測し外部に向けて公開したり内部統制に役立てる会計を学ぶための「財務会計」と「管理会計」、組織という文脈で人は集団にどのような影響を受け、また人は集団にどのような影響を与えるのかといったことを考える「経営組織論」等の幅広い分野が経営学には存在しています。このような幅広い分野を学び、企業活動を包括的に理解していくことこそ、今後のみなさんの経営学学修には求められています。

　それでは、最後に、ワーク3とワーク4を行います。自分で考えたことを、必ずグループのメンバーと共有してください。

　リソース・ベースト・ビューとポジショニング・ビューの違いはどのようなものであったか、まとめてください。また、なぜこの2つの視点を用いる必要があるのでしょうか。まず自分の意見をまとめ、さらにグループメンバーの意見もよく聞いてまとめましょう。

みなさんは寿司店を出店することになっているとしましょう。本章で学んだ能力と位置取りの考え方を用いて、どこに、どのような寿司店を出店するか話し合ってみましょう。なお、ここでは「高級寿司／中価格帯の寿司（「銀のさら」や4,000円食べ放題など）／回転寿司チェーン」から1つ選び、顧客、商品、提供方法などを能力（たとえば職人を雇う（ヒト）のか、機械に握らせる（モノ）のか、など）と位置取り（たとえば出店地域や価格帯など）を活用して考え、グループの意見をまとめてください。

この章ではヒト・モノ・カネ・情報といった経営資源がきわめて重要であることを議論してきました。しかし、「もたざる経営」という言葉があるように、工場設備や人員、あるいはブランドなどをもたずにうまく経営をしている企業も多数存在します。このような経営の仕方がうまくいく条件とはどのようなものでしょうか。

これからの学習

　この章は、経営学分野への入門的な内容です。経営学という分野は実はかなり若い分野であり、さまざまな学問分野の知識を援用して発展してきました。したがって、経営学、あるいは企業の問題を深く理解するためには、経営学だけでなくミクロ経済学や心理学、社会学などの知識も必要になります。また、学問としての基礎だけでなく経営学を発展的に学んでいくためには、実際の企業の動向にも目を配る必要があります。経営学概論、経営戦略、経営組織、マーケティング、国際経営、ミクロ経済学、マクロ経済学、心理学、社会心理学、社会学といった関連する講義をぜひ勉強してみてください。

第6章　企業って何をしているの？

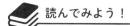 読んでみよう！

① 　加護野忠男・吉村典久編著『1 からの経営学（第 2 版）』碩学舎発行、中
　　央経済社発売、2012 年。
② 　加藤俊彦『競争戦略』日経文庫、2014 年。
③ 　伊丹敬之『平成の経営』日本経済新聞出版社、2019 年。

第7章
会計って
何のためにあるの？

　第1章から学んできた経済循環の要素の1つに「企業」がありました。み
なさんも、たとえば自動車会社や外食チェーンなどの身近な企業が何をする
のか、どのようにして売上や利益を得ているのか、ということについてはな
んとなくイメージをもつことができるでしょう。

　しかしこれらの企業の売上や利益がどのように計算されているのか、また
売上や利益がどのように公表されているのか、といった点については、これ
まで「簿記」を少し勉強した人でも、自信をもって答えることは難しいかも
しれません。

　本章はこうした深い問題を理解するための第一歩として、企業とは何なの
か、企業が利益を創出するメカニズムはどのようなものなのかを学んでいき
ましょう。

本章の目標

1. 会計とは、企業の財政状態や経営成績を貨幣価値で示すものであること を理解する。
2. 会計の重要な表としての、貸借対照表と損益計算書の大まかな意義を理解する。
3. 財務会計と管理会計それぞれの目的を理解する。

事前学習

次回の授業の宿題です。授業ではこれを題材にしてグループで議論します。

(1) A君は10万円をもとに自宅で焼きそば店をスタートさせました。1カ月間での売上や費用は以下の通りです。①A君は1カ月でいくらもうかりましたか。②その計算の根拠は？

やきそばの売上50万円	やきそばの材料15万円	飲み物の売上15万円
飲み物の原料2万円	ガス代3万円	電気代2万円
家賃12万円	雇ったアルバイトの人件費10万円	

(2) B君は20万円をもとに自宅で焼きそば店をスタートさせました。1カ月間での売上や費用は以下の通りです。①B君は1カ月でいくらもうかりましたか。②その計算の根拠は？

やきそばの売上100万円	やきそばの材料35万円
飲み物の売上40万円	飲み物の原料10万円
ガス代7万円	電気代5万円
家賃30万円	雇ったアルバイトの人件費20万円

(3) (1)のA君と(2)のB君とではどちらが効率のよい経営をしているでしょうか。

ワーク
1

　事前学習(1)〜(3)について、それぞれの答えを共有したうえで、グループで議論し、まとめてください。特に(3)については、根拠も明確にしたうえで意見をまとめてください。

7 1　会計とは何か？

　はじめに、会計とは何かということを考えていきます。

　「会計とは何か」を問うたとき、詳細にはさまざまな定義が考えられますが、ここではひとまず「企業等の財政状態や経営成績を貨幣額（円やドルなど）で示すこと」と定義しておきましょう。企業の経営を本当に理解するためには、お金の流れを示し、理解していくことが不可欠です。ポイントは、「経営成績」と「財政状態」です。まずはこの２点に絞って学んでいきましょう。

(1)　経営成績

　経営成績は、企業がある一定期間においてどれだけもうけたかという実績になります。企業は、第６章でも示されたトヨタ自動車やソニーといったものづくり企業なら、買ってきた部品を組み立てて高品質な自動車やゲーム機に作り上げ、それを販売して利益（＝もうけ）を得ることになります。

　利益をあげる企業は、その利益を元手に、また新たな資金を集めてさらに新たに利益を獲得する機会を求めてビジネスを拡大していきます。そうでない企業は、新たな投資をすることもできず、いつまでも利益を出せず資源が尽きてしまうと、最終的には存続できなくなってしまいます。

　企業に対して投資する人々は、企業が利益をあげることを期待します。企業はその期待に応えようと努力し、結果として利益をあげられればさらなる投資を呼び込んでいきます。

　ここから、企業が外部に**経営成績**を明らかにすることの重要性が見えてきます。企業は一定期間の経営成績を明らかにすることによって、その企業に

投資してくれた人々への期待に応えられたかどうかを明らかにします。また、今後投資を考えている人にとっても経営成績が明らかになっていることが、投資するかどうかを判断するにあたって不可欠となります。企業は現在投資してくれている人だけではなく、今後投資してくれるかもしれない人々にもアピールしていく必要があるのです。

たとえばX社において、今期の売上が150万円、売り上げるためにかかった給料、家賃等の**費用**が合計90万円だったとすれば、利益は150万円 − 90万円 = 60万円となります。このときの売上を会計上は「**収益**」と言い、収益から費用を差し引いたもうけを「**利益**」と言います。「収益」と「利益」とは混同されがちですが、会計上は意味が違っていますので、注意しましょう。そして、企業の収益や費用、そして利益を計算した表を**損益計算書**と言います。

コラム

機会費用と損益計算書

企業の収益から費用を差し引いた差額を利益と言い、これらの関係を示した表を損益計算書と言います。なお、経済学上の「機会費用」は、損益計算書の費用と同じではないことに注意が必要です。

機会費用は一般に、あることをすると他のことがどれだけ犠牲となるかを表します。たとえば、Aという案件に投資すると10万円もうかり（売上30万円、それにかかる費用20万円）、Bという案件に投資すると15万円もうかる（売上30万円、それにかかる費用15万円）といった場合、Aに投資することの機会費用は15万円になります。

これに対して損益計算書上では仮にAに投資したとすれば売上が30万円、費用が20万円、差引の利益が10万円といった形で表示されます。またBという案件は実際に投資を行っていないので、Bに関して損益計算書に計上・表示されることはありません。

もっとも、会計上この機会費用をまったく考慮していないというのは言い過ぎで、あくまで損益計算書や、次に述べる貸借対照表といった一定期間（時点）での経営成績や財政状態を示す表では、機会費用を考慮しないということです。

(2) 財政状態

財政状態とは、簡潔に言えば、企業がもっている財産や借金（マイナスの財産）の状況のことです。企業は一定期間の利益だけではなく、ある一時点での財政状態も明らかにする必要があるのです。

たとえば、ある1年間で見れば非常にもうかった企業であっても、財政状態があまり良くないことはありえます。財政状態は、直近1年の業績だけではなくそれ以前の複数年にわたる業績の累積で決まります。

みなさんの思い浮かべる財政状態は、どれだけ「お金」をもっているかで決まるかもしれませんが、企業の場合にはそれほど単純ではありません。企業の財産は、お金以外にも工場の建物、土地、販売店の備品などいろいろなものが含まれることになります。また、財産（**資産**）だけではなく、借金といったマイナスの財産（これを会計では「**負債**」と言います）も考慮しなければなりません。たとえば、1億円の資産をもっている企業であっても、9900万円の借金（負債）があれば資産の多くは将来借金を返済するために使われてしまうことになります。差し引きした結果の残りは100万円しかありませんが、この資産から負債を差し引いた差額を会計では「**純資産**」と呼びます。一方で、200万円しか資産がなくとも借金がなければ、200万円が会社の純資産となります。会社の財政状態は、資産の金額そのものではなく、資産と負債双方を見て判断すべきということになります。特に企業にお金を貸す人はそのお金が無事に返済されるかどうかに関心があるので、企業の財政状態は非常に重要です。また、純資産は企業の価値につながってくるので、会社に投資している人にとっても重要です。

企業の資産・負債・純資産を示した表を**貸借対照表**と言います。

次の各項目は、資産、負債、費用のどれでしょうか。区分してみましょう。
(1)土地　　(2)建物　　(3)アルバイトの人件費　　(4)家賃　　(5)借金
(6)預金　　(7)電気代　　(8)現金

PayPayは赤字だが

QRコード決済で有名になった、PayPayは、「100億円あげちゃうキャンペーン」とか、「20％還元キャンペーン」といった形で多くのキャンペーンを行っています。PayPayの利用者は、現金で購入する場合と比較すると商品やサービスを低い価格で手に入れることができます。PayPayは利用者に多くのメリットを提供している一方、2019年11月現在では決済がお店で行われた際にお店から受け取る手数料（PayPayにとっての売上）がゼロです。PayPayはQRコード決済で代金を支払うみなさんには大盤振る舞いをし、お店からは手数料を受け取っていないとすれば、QRコード決済のサービスの提供からは利益を得られないことになります。

PayPayの損益計算書を見ると、2019年3月期で、1年間に300億円以上の損失を出していることが明らかです。300億円の損失はとても大きな損失です。いったいどうしてこのような企業が存続できるのでしょうか？　理由は大きく分けて2つあります。

第1は、PayPayという企業はある大企業が投資してできた会社であることです。通常の企業が1年に300億円の損を出せば、あっという間に会社が保有している資金が尽きてしまい、会社は存続できなくなります。しかし、その大企業が損失を出し続けているPayPayに資金を供給し続けているために、大きな損失を出しても会社を存続させることができるのです。多くの会社には同じような損失を出しても資金を供給し続けてくれる人はいません。第2は、「損して得取れ」の考え方です。現在、QRコード決済は多くの規格が乱立しています。QRコード決済はまだ始まったばかりで、少し先の将来もなかなか見通しにくい状況です。この中で、PayPayは他社ができない「100億円あげちゃうキャンペーン」を行うことで、QRコード決済の企業の中で圧倒的な地位を確立しようとしているのです。PayPay以外の他社には300億円損を出しても資金を供給してくれる大企業がついているわけではありません。つまり、業界内にPayPayと同じ「100億円あげちゃうキャンペーン」をできる企業は少ないということです。そのため、短期的には大きく損をしても、長期的にはPayPayが業界内で圧倒的な地位を確立すれば、今後利用者が増えていくと考えられます。またそうなると、加盟店も

PayPayのサービスの利用をやめることができず、PayPayが加盟店に手数料を請求することができるようになるかもしれません。これにより、PayPayは将来的には大きな利益を出すことができるというわけです。

　もっとも、QRコード決済の世界では、PayPayに出資している会社と、みなさんがよく使っているLINEが経営を一体化することや、auやNTTドコモも大々的なキャンペーンを行うなど、予想もしない動きが日々生じています。本当に将来大きな利益を出せるかは、未知数です。将来生き残るのは、どの会社なのでしょうか。

(3)　貸借対照表と損益計算書とのつながり

　以上、会計の目的として経営成績や財政状況を示すことが重要であることを述べてきました。次に、会計を学ぶうえで重要なことは、経営成績を示す**損益計算書**と財政状態を示す**貸借対照表**がそれぞれ独立しているのではなく、お互いがつながっていることを理解することです。ここでは、そのつながりについて見ていきましょう。

　たとえば、1年のはじめに資産1000、負債500、純資産500でスタートした会社があったとします。1年間で1000の売上をあげ、費用は700でした。この場合、損益計算書の1年間の利益は300になります。

　一方、1年間が終了した時点での貸借対照表はどうでしょうか。1年間であげた300の利益が、あらたに純資産の増加となりますので、1年のはじめの純資産500に、新たに純資産300が加わって、1年の終わりには純資産が800になります。資産と負債についてはここでは詳しくは話しませんが、負債が同額と考えれば資産も300増えて1300になっているはずです。これを図で示すと、図7.1のようになります。このように、貸借対照表と損益計算書とは、毎期の利益を介してつながっているのです。

　企業は利益をあげればあげるほど、純資産が増加し、それをもとにして事業を行い、さらに事業を拡大していくことができます。一方で、損失を出すと、その分純資産が減り、最後には会社の元手である純資産が尽きる（ゼロになる）ことになるのです。

　貸借対照表と損益計算書は、会計の基礎ですが、その中身は企業ごとに、また同じ企業でも年ごとに大きく異なっています。企業は一定期間ごとに貸借対照表と損益計算書をはじめとするさまざまな会計情報を開示し、それら

図7.1　貸借対照表と損益計算書（終了時点）

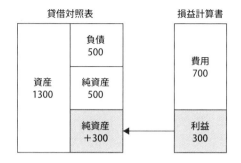

がテレビのニュースや新聞記事で報道されるのです。みなさんも、自分の興味のある企業の会計の情報を、調べられると面白いと思いませんか？　もっとも、この会計には多くのルールがあり、ルールを知らないことには内容を読み解くことができません。会計の目的やルールがどのようになっているのか、ぜひ今後の会計の授業で学んでいきましょう。

　会計というと、とかく電卓で計算してばかりのイメージを思い浮かべる人も多いとは思いますが、計算は会計の一部で、授業では計算よりももっと理論的な部分や実際の企業の情報を扱っていきます。会計＝電卓計算と誤解しないように注意してくださいね。

7 2　財務会計と管理会計

　ここまでの議論から、会計は企業にお金を提供する人にとって重要であることは理解できたでしょう。会計情報は、企業の財政状態と経営成績という2つの情報をしっかり示すことが鍵となります。

　ひと言で会計と言ってもいろいろな目的があるので、以下では、目的別に分類した会計について考えていきましょう。

(1)　財務会計
　会計の1つの目的が、企業の外部の人々に、企業の経営成績および財政状態を明らかにすることであることは、これまでの説明で理解できたでしょ

う。企業の外部の人は企業が公表する情報を重要であると考え、資金を集める企業は会計の情報を開示することで有利に資金を集めたいと考えます。もっとも、ときとして企業が自身を実態より良く見せたり、悪い実態を覆い隠そうとすることもあります。このようなことを防ぐために、法律で実態を適切に表示しない企業に罰則を設けたり、企業から独立した**公認会計士**が会計情報をチェックすることで、その企業の会計情報に問題がないというお墨付きを与えたりするのです。このように、企業の財政状態や経営成績等を企業外部に開示していく会計を「**財務会計**」と言います。

　財務会計の世界では、企業により公表する内容が大きく違うと情報の利用者にはわかりにくくなるので、法律やルールによってその方法を規定しています。それにより、どの企業でも一定の方法で情報を公開しています。企業外部の利用者は、たとえばトヨタ自動車と本田技研工業の経営成績や財政状態を比較することができるようになります。財務会計は、多くの関係者がいる大企業において特に重要になります。

　財務会計は一定のルールに基づいて行われるものなので、ルールを理解することが不可欠になります。これは、みなさんがトランプのルールを理解できないとトランプゲームに参加できないのと同じです。ルールを学ぶことは必ずしもみなさんにとって面白いとは言えない部分もありますが、ルールを習得したあとのゲームはとても楽しいものでしょう。みなさんには、今後の会計の授業を通じて基礎的なルールを習得してもらったうえで、企業やその他の組織の会計情報を見て分析することを、ゲームのように楽しんでもらいたいと思います。

(2)　管理会計

　会計は「財務会計」だけでしょうか？　財務会計と並んで重要な会計として、「管理会計」があります。

　会計は、企業外部に公表するためだけにあるわけではありません。企業の財政状態や経営成績を的確に把握しておくことは、企業を経営していくのにも不可欠です。企業を経営するにあたっては、企業の業績を測定したり、評価したりして、より良い経営を行っていくためにさまざまな数値情報を用いていくことが必要です。このように、企業の経営のために、企業内部で用いられる会計を**管理会計**と言います。財務会計と管理会計とは、情報を利用す

る人々（企業外部の人々か、内部の人々か）や目的（外部の人々が企業に資金を提供するかを決定するためか、内部の人々が企業をしっかり運営して利益をあげていくためか）が違っています。

　いくらもうかっているか、どれだけの財産をもっているかなどを把握せずに企業を経営することは大変危険ですし、企業の存続を危うくします。みなさんが車を運転するときに速度メーター、サイドミラーやバックミラーも確認しないまま走り続けるようなものです。ある商品を販売している企業がいったいいくらで商品を販売するか、商品を仕入れる際にいくらまで支払えるかといったことは利益をあげていくうえで非常に重要です。商品を売って売上をあげればよいというわけではなく、しっかり利益をあげていくことが企業には求められます。また、企業は給料や仕入代金の支払いを滞りなく行わなければなりません。これに失敗してしまうと支払いが約束通りにできなくなり、信用を失い、企業が存続できなくなってしまいます。

　管理会計は、企業を経営していくうえで必要になる情報という枠を超えて、企業がより多くの利益を獲得していく際にも役立ちます。経営していくにあたって、経営資源とは、ヒト・モノ・カネ・情報の４つを指すことは、第６章ですでに学習した通りです。会計が「カネ」に深く関わることは当然ですが、ヒト・モノ・情報を上手に利用していくためにも、管理会計は不可欠です。トヨタ自動車、京セラといった世界的に有名な企業は、管理会計を上手に使っている点でも世界的に定評があるのです。

⑦ ③ まとめ

　会計は、組織の活動を貨幣額で示すものですが、経営成績を損益計算書で、財政状態を貸借対照表で表すことになります。また、会計の目的も、企業外部へ向けてのものなのか、それとも企業の内部者が利用するものなのかに応じて財務会計と管理会計とに分かれています。

　すでにおわかりの人も多いかと思いますが、企業経営を考えるうえで、利益をあげていくためには経営戦略が重要であることはもちろん、お金の面から経営を支える会計が不可欠であることは言うまでもありません。いくら良い経営戦略をもっていても、その実行段階で費用がかかりすぎたり、お金が

不足したりして経営がうまくいかなくなるケースも多くあります。みなさんも、テレビなどで素晴らしい企業だと注目を浴びていた企業が、その後倒産してしまったニュースを聞いたことがあるかもしれません。もちろん、いくらしっかりした会計を行っていても、肝心の経営がうまくいかなければ元も子もありません。経営と会計は、いわば車の両輪の関係で、どちらか一方が欠けても成立しないのです。会計をメインに学習する方にも経営の知識は一通り学んでほしいですし、経営をメインに勉強する人にも会計に苦手意識をもたずしっかり学んでいただきたいと思います。

　また、コラム「機会費用と損益計算書」からも想像がつくように、会計は経済学とも密接な関連を有しています。その中では特に「財務会計」が重要かつ他の科目の基礎となる科目ですので、しっかり履修してくださいね。より上級の会計学では、経済学の理論が多く取り入れられていますし、公認会計士試験にも経済学の科目があるほどです。経済学をメインに学習する方も、会計は自分に無縁との意識をもたずに、経済学と会計学を関連付ける意識で学んでみてはいかがでしょうか。

■コラム■

税理士と公認会計士

　会計に関連する職業的専門家として有名なのが、**税理士**と**公認会計士**です。**税理士**は、その名の通り「税」を中心に扱う専門家で、税金計算や組織が毎日行う取引の記録の代行、税を徴収する税務署等との対応の代行、税金に関する各種アドバイスなどを行います。税金は大企業から中小企業、さらには個人にまで関わってきますので、税理士のお客さんになる団体や個人も多種多様です。

　公認会計士は、主として大企業が作成する貸借対照表や損益計算書などの会計の書類（これらをまとめて「財務諸表」と言います）が適正に作成され、開示されているかどうかを第三者の立場からチェックする役割を担っています。このような第三者のチェックを必要とするのは、主として東京証券取引所などに上場し、株式を公開している大企業が中心となります。

　税理士と公認会計士は、これまで述べたように両方とも会計専門家でありますが、そのお客さん、仕事の内容は大きく異なります。今後の会計の授業等で、ぜひさまざまな専門家が経済の中で果たしている役割に

ついてしっかり理解してください。そして、みなさん自身が会計専門家にならないとしても、日々の仕事の中でこれらの専門家と関わる機会は大いにあります。専門家の役割をしっかり理解しておくと、専門家とより有益な関係を築けるでしょう。

ワーク3

次の2つの文章について、○か×かを判定してください。×とした場合には、その理由も考えてください。各人の意見を共有したうえでグループで議論し、グループの意見をまとめてください（意見が同じ点、相違点、迷った点などもあげてください）。

(1) 財務会計も管理会計も、企業外部の人のためにあるという点では同じである。
(2) 財務会計の世界では、企業により公表する内容が大きく違うと利用者にわかりにくくなるので、法律やルールによってその方法を規定している。

ワーク4

次のA社とB社では、あなたはどちらに魅力を感じますか？　その根拠も示してください。まずは個人で考え、グループで議論してみましょう。あなたと違う答えがあれば、その根拠を比較してみてください。

A社	資産	2000万円	負債	1700万円
B社	資産	500万円	負債	ゼロ

 発展課題

次の文章について、○か×かを判定してください。×とした場合には、その理由を答えてください。個人の意見を共有し、グループで議論

しグループの意見をまとめてください（意見が同じ点、相違点、迷った点などもあげてください）

　「会計は、主として企業の状況を貨幣価値にして示すものなので、貨幣価値に換算できないものは会計の報告対象とならない。」

これからの学習

　会計学に関連する科目としては簿記をはじめ、財務会計、管理会計、公会計、税務会計、監査など多岐にわたります。また、会計は前述した通り経営学や経済学とも密接に関連しています。会計学を学習することで経営学で学ぶ企業行動、経済学で学ぶ企業や経済全体のさまざまな仕組みがよりわかるようになります。また、経済学や経営学を学ぶことで会計学の学習内容がより具体的にイメージできるようになります。

読んでみよう！

① 　日本経済新聞社編『財務諸表の見方（第13版）』日経文庫、2019年。
② 　大塚宗春・福島隆・金子良太・菅野浩勢『テキスト入門会計学（第6版）』中央経済社、2021年。

調べてみよう！

① 　EDINET
　上場企業を中心に4000社以上の企業が公表する財務会計情報（有価証券報告書）を過去5年間にわたって無料で入手できるサイトです。就職活動等でも活用できて有用です。https://disclosure.edinet-fsa.go.jp/
② 　日本商工会議所の簿記検定試験のサイト
　日商簿記検定の各級をはじめ、多くの学生も受験する検定の受験情報がつまったサイトです。https://www.kentei.ne.jp/bookkeeping

第8章
雇われて働くって
どういうこと？

　この章のポイントは、「働く」ということについて経済学的に理解することです。第1章では、経済とは、生産と消費の繰り返しであること、そして、その繰り返しは、家計から労働力が企業に売られ、その対価として家計に収入が入り所得を得ることによって、成り立っていること（「経済循環」）を学びました。企業は労働力を入手して生産することができ、家計は所得で財・サービスを購入して消費することができます。労働市場を通じて労働力の売買が行われるこうした取引は、私たちが企業に雇われて働き、消費生活をすることそのものです。この章では、「雇われて働くこと」をしっかりと理論的に理解しましょう。

1. 雇われて働くこと＝「雇用労働」を市場経済の仕組みから理論的に理解する。
2. 労働市場が市場として成立する要件を理解する。
3. 労働者や労働組合が保護される理由とルールを学ぶ。
4. 将来、自分が働く職場や働き方について大切な要件は何かを考える。

事前学習

　本章をよく読み、以下の(1)～(4)について考えてみてください。

　あなたの友人から電話がかかってきました。どうも、いま働いているアルバイト先の条件がきつくて身体をこわしてしまいそうだというのです。聞いてみると、いろいろ悩みはあるようですが、中でも「毎回7時間ほどバイトをしているが、休憩をまったくもらえない」「アルバイトの時間の前に店長の指示で開店準備をしているが、その分の時給はもらえない」という点が一番困っているようです。

(1)　あなたは、上の2つの問題について、どのようなアドバイスができるでしょうか。

(2)　あなたの友人は、アルバイトの権利を守る法律なんてない、と思い込んでいるようですが、本当にそうでしょうか。正社員はどうでしょうか。アルバイトと正社員には異なる法律が適用されるのでしょうか。

(3)　あなたの友人は、働く条件について、よく確認もせずにアルバイトを始めたようですね。法律では、働くうえで最低限の労働条件やルールが決められています。その友人にぜひ教えてあげなければと思ったことを、あなたが調べた中から2つ以上挙げてください。

(4)　人を雇いたい（労働需要）側と雇われて働きたい（労働供給）側が出会い、労働力の売買が行われる場、すなわち雇用が行われる場のことを労働市場と呼びます。この労働市場では、一般の商品のように、当事者が自由に取引することはできません。上で見てきたように、雇い主（需要側）が守らなければならない働かせ方のルール（ワークルール）というものが法

律によって決められています。雇用労働者（供給側）が受け入れた場合でも、法律の枠組みを超えて当事者間で自由にルールを決められるわけではないのです。なぜ、このような法律が制定され、ルールが決められているのでしょうか。その理由を説明してください。

［ヒント：(1)～(4)を考えるうえで、厚生労働省『知って役立つ労働法～働くときに必要な基礎知識～』https://www.mhlw.go.jp/stf/seisakunitsuite/bunya/koyou_roudou/roudouzenpan/roudouhou/index.html が参考になります］。

ワーク
1

> (1)　事前学習(1)～(3)の答えについて、グループで共有してください。その際、なぜそれをあげたのか、あるいはなぜそのように考えるのか、その理由も簡潔に付け加えて共有しましょう。
> (2)　事前学習(4)についてグループで共有したうえで、自分の意見と他のメンバーとの共通点・相違点をまとめ、自分がもっと深く理解すべきだと考えることを記述してください。

❽ ① 市場経済の原理の復習

　収入を得るために働く方法にはさまざまな形がありますが、大きくは、自ら事業を行ったり経営したりする場合と、他者に雇われて働く場合の2つに分けられます。ここで言う「労働」とは、雇われて働くこと、すなわち**雇用労働**のことです。

　この雇用労働については、第1章の経済循環で学びました。家計は労働力を売り、その対価として賃金を得、その所得を元手に財・サービスを購入し消費します。この過程は、私たちが働き、生活することそのものです。この章では、労働力を労働市場で売り、その対価として賃金を得る過程を決定する労働市場について、市場経済の経済原理の上に立って理論的に学びます。

8 2 労働市場を需要と供給の視点から考える

　労働市場に登場する需要側は、労働力を買う会社の経営者など雇い主（使用者とも言います）です。供給側は、労働者です。労働者は自らが所有する労働力を売る人です。労働力とは働く能力のことであり、労働者の身体に宿っている能力です。したがって、労働市場とは、供給される労働力という商品をめぐって、需要側である雇い主・使用者と供給側である労働者が売買の取引を行う場なのです。

　労働市場では、より安く買おうとする需要側と、より高く売ろうとする供給側が向き合います。すでにここまでで学んだように、市場経済では一般に需要と供給の増減に応じて価格が上下し、均衡価格が形成されます。労働市場でも同様な現象が生じます。ただし、労働市場では労働力の価格を**賃金**と言います。需要側は、必要とする労働力をできるだけ安く買うために、低い賃金で雇用しようとしたり、長い時間働くことを求めたり、労働の密度を高くしようとしたりします。他方、供給側は所有する労働力をより高く売るために、高い賃金を求めたり、できるだけ短く適切な労働時間を要求したり、適度で標準的な労働密度であることなどを追求したりします。労働市場では、こうした需要側と供給側の意向がぶつかり、競争しあって価格（賃金）が形成されます。労働市場での需要側（雇い主・使用者）と供給側（労働者）の間での争点はさまざまで、また労働力の種類や条件もさまざまです。たとえば、建売住宅を作る大工、美容師、○○会社の営業職、技術者、自動車工場で働く組立工など実にたくさんの種類の労働力があります。それゆえ、安く買おうとする需要側のやり方は多彩であり、高く売ろうとする供給側の主張やそれを実現する手段も多様です。

　そもそも、具体的にどのような労働条件の下で、どのような労働内容をどれくらいの時間、どの程度の強度で働くのかをめぐる労働力の売買＝労使の取引において、主張が対立するのは当然です。労働力を購入した使用者の権利・主張と、労働力を所有する労働者の権利・主張との対立は、市場経済の原理からすればいずれも「正当」なものであり、両者の合意は困難で収拾できません。結局、産業革命を経て需要側である雇い主・使用者の優位の下、労働者の状態は悲惨とも言える状況が広がることになりました。イギリス労

働市場は長時間労働・低賃金の劣悪な状態が続き、労働者の再生産も危ぶまれ、労働市場崩壊の危機に見舞われました。市場経済の発展形態である資本主義経済の成立が、それを生み出したのです。なぜでしょうか。それを考えていくためにも、このあと労働力や労働市場とはどのようなものか、深く考えてみましょう。

⑧③ 労働力の本質と労働市場での売買

　労働力とは何でしょうか。労働力とは、意思や人格をもった生きた人間に宿る特別な商品です。では、この労働力を売買すること、すなわち雇用労働とは何でしょうか。それは、時間決めで労働力（人間の身体に宿る働く能力）を売ること、したがって時間決めで雇い主・使用者に労働力の消費（使用）をゆだねることです。なぜ、「時間決め」なのでしょうか。もし、「時間決め」でなく労働力を売るということになれば、それは労働力を売るのではなく、労働者自身を売ることになってしまいます。一部の時間ではなく24時間全部を、すなわち労働者自身をまるごと売ったり買ったりすることになれば、人身（奴隷）売買のようになってしまいます。それでは雇用労働ではなく、奴隷労働と同じです。労働力とは、意思や人格をもった労働者に宿る労働能力であり、労働者の身体と切り離すことはできません。このような特別な商品である労働力の売買は、労働者が雇われて仕事場へ行き、一定の労働条件に従って労働能力を発揮する、という商品の取引なのです。このような労働力商品の売買が行われるようになってはじめて、雇用労働は成立するのです。

▶コラム

労働力の売買はDVDのレンタルに似ている!?

　労働市場での取引は、レンタルの取引に似ています。たとえば、映画のDVDを1週間500円でレンタルしたとします。レンタルですから、DVDを買ったわけではありません。DVDを使って記録されている映画を鑑賞する消費を購入したのです。したがって、DVDを傷つけたり壊したりすることは許されません。DVDは元のまま返却しなければならないのです。

労働力もこの考え方によく似ています。労働者を使用してある仕事を
する労働力を購入したのですから、労働者を傷つけることなく「返却」
しなければならないのです。労働力の場合、DVDのレンタルのように単
純ではないとはいえ、考え方としては似ています。

　前述したように、雇い主が「労働力を買う」＝「雇用する」場合には、時
間決めであることをはじめとする一定の労働条件に従って労働者を働かせな
ければなりません。労働者を雇用する雇い主・使用者が必ず守らなければな
らない雇用の最低条件は、法律によって決められています。日本では、その
法律を**労働基準法**と言います。この法律で決められている法定労働時間は、
1日に8時間、1週に40時間です。原則として、これを超えて働かせてはな
らないことになっています。そのほかにも、最低賃金法や労働安全衛生法な
どで、雇い主が守るべき雇用・労働条件が定められており、それらをまとめ
て労働法と言います。しかし、このような労働市場における取引のルールが
成立するまでには、後述するように、労働者の長い苦難の歴史がありました。
　それは、労働力が特別な商品であることに起因しています。前述したよう
に、労働力は意思や人格をもった生きた人間に宿る特別な商品です。労働力
を日々売り続けて賃金を得なければ労働者は存続できません。賃金がいくら
であろうと、今日の労働力は今日しか売ることはできません。今日の賃金が
安いからといって、高くなるまで今日の労働力を売るのを待つことはできな
いのです。このため、労働市場における需要側（雇い主・使用者）と供給側
（労働者）の取引は、財・サービス市場における需要側と供給側のように対
等に出会い、需給変動に応じてそれぞれの判断で取引することはできませ
ん。経営判断で買うかどうかを決めることのできる需要側の雇い主・使用者
と、今日の労働力は今日売るしかない労働者が出会う労働市場は、本来の意
味での「市場」ではないのです。
　このように、労働市場は2つの大きな難問を抱えています。1つは、労働
力を買う＝雇用することは、労働能力をどのような質と量において発揮させ
ることであるのか、もう1つは、売るしかない労働力の価格（賃金）をいか
にして適正な価格にするか、です。
　そこで、労働市場をより対等な市場とするために、労働者の権利と労働組
合が特別に認められました。供給側である労働力の販売者（つまり労働者）

に労働組合の結成を認めることで、供給側の労働者が話し合って価格（賃金）を引き上げようとする行為を容認し、雇い主・使用者との交渉や団体行動の権利が与えられることになりました。本来、市場でのこうした供給側の行為は市場機能を妨げるものですが、労働力の取引においては、こうした特権を供給側である労働者に付与しなければ、公正な市場とはならないためです。

　労働組合を経済学的に説明すると、労働市場において労働力をより高く売るための売り手組織である、と言うことになります。労働力の売り手組織である労働組合のあり方は、労働市場で決まる価格（賃金）などへ影響を及ぼします。

　日本国憲法においても、第28条に「勤労者の団結する権利及び団体交渉その他の団体行動をする権利は、これを保障する」と示され、労働者の生活を保護するため、労働基本権が保障されています。雇い主・使用者は、労働三権というこの労働基本権を尊重しなければなりません。①労働組合など労働条件の維持、改善のために使用者と対等に交渉できる団体を結成し、それらに参加する権利である団結権、②労働者団体が労働条件などについて雇い主・使用者と交渉する権利である団体交渉権、③労働者団体が労働条件等の改善のために団体としてストライキなどの争議権を行使しうる権利である団体行動権です。

8 4 労働市場崩壊の危機への政府の対応

　こうして、労働力の取引を公正に行えるようにするために、売買する商品としての労働力の使用について最低限条件を決め守らせること、市場取引が成立できるようにするための労働者の権利を認めることなどが整備されていきました。市場経済が生み出されたイギリスの歴史を見ればわかりますが、労働市場が、このようなルールの確立を通じて公正な取引環境として整備されるまでには、産業革命期の18世紀半ばから約150年という長い時間がかかりました（コラム「イギリスにおける資本主義と労働組合の確立」参照）。

　イギリス政府が工場法を制定（労働条件の最低限を規制）し、次いで労働組合の容認（労働三権の成立）へと至ることで、それまで低賃金・長時間労働という劣悪な状態の労働環境の下に置かれていた労働者にとって、労働者

を保護した労働市場での取引への道が開かれ、労働市場は安定して成立するようになっていきます。その後、市場経済の先進国ではこれが原則となり、国際労働機関（ILO）は、1919年の第1回総会において「8時間労働制」に関する第1号条約を採択しました。

<コラム>

イギリスにおける資本主義と労働組合の確立
—— 16世紀から1906年までの歩み

① イギリスにおける資本主義の成立（16世紀〜17世紀）
- 農村毛織物工業の成立、マニュファクチュア（工場制手工業）の発展→市民革命→商品生産・流通の自由の確立・私的所有の確立
② イギリス資本主義の確立（18世紀後半〜19世紀前半）　産業革命→資本主義の確立
- 1733年のジョン・ケイの飛杼（とびひ）の発明により織布工程の能率上昇→紡績機の発明・改良→蒸気機関の発明・改良→機械制大工業が成立＝資本主義、したがって労働市場も確立
③ 労働組合前史：工場法の成立
- 産業革命期に旧職人である労働者のラッダイト（機械打ち壊し）運動←政府は1799〜1824年「団結禁止法」施行。しかし、労働者は「友愛組合」という共済団体名で職業別組合を結成
- 政府は労働組合禁止の他方で、工場法を整備
- 1833年「一般工場法」制定：1）9歳未満の児童の雇用の禁止、2）18歳未満の年少者の労働時間の制限（1日12時間）、13歳未満の児童の労働時間の制限（1日8時間）、3）18歳未満の年少者・児童の夜間労働の禁止、4）児童労働者の教育の義務化、5）工場監督官制度の創設
- 1847年「工場法」改正：18歳未満と女性労働者の労働時間を1日最高10時間に制限
④ 労働組合の確立
- 1851年　合同機械工組合（ASE）結成：労働市場の取引主体＝組合機能を本格的に発展させる出発点
- 1868年　労働組合会議（Trades Union Congress）
- 1871〜75年　労働組合法の制定
- 1875年「共謀罪および財産保護法」→刑事免責の原則が実現

- 1900年「労働代表委員会」結成、1906年に「労働党」と改称
- 1906年「労働争議法」→民事免責の原則が実現

→長い歴史を経て労働組合の権利が確立。近代的な労働市場の担い手として労働組合が確立。

19世紀終わりからの長期不況（大不況時代）や産業合理化の進展の中で、職業別労働組合による労働市場の掌握が不可能になり、産業別労働組合へと発展しつつ大衆的労働組合となり、社会制度の整備、労働市場の公的規制を要求する政治運動が展開されていきます。

（参考）　オンラインデータベース『ジャパンナレッジ』（『日本大百科全書』）；栗田健『労働組合（第2版）』日本労働研究機構、1983年。

コラム

古典的名著に見る産業革命後の労働者

エンゲルスは、1845年に著書『イギリスにおける労働者階級の状態 ── 19世紀のロンドンとマンチェスター 』を発表し、産業革命により成立したイギリス資本主義の下における労働者の生活や住居の貧困で悲惨な様子を描いています。この著書は、現在でも労働調査や社会調査などの原典として高く評価されています。

マルクスは、1867年に『資本論』を刊行し、資本主義を理論的に解明しました。同書の「第13章 機械装置と大工業」で、産業革命を経て生み出された機械の本質や工場制について分析し、その資本主義的な利用が長時間労働や労働密度の強化を生み出すことなどを明らかにしています。

日本では、1946年の労働組合法の施行により、第2次世界大戦後になってはじめて労働組合の結成が認められました。それ以来、さまざまな労働法が整備され、今日に至っています。それらの労働者を守る法律の基本をなすのが、「労働基準法」「労働組合法」「労働関係調整法」で、これらを「労働三法」と言います。「労働基準法」は、労働時間や賃金の支払い、休日など、労働条件に関する最低基準を定めています。「労働組合法」は、労働組合を結成し、会社と交渉する権利などを保障しています。「労働関係調整法」は、労

第8章　雇われて働くってどういうこと？

働者と雇い主・使用者の間で争いが生じ、当事者同士の交渉で解決が困難な場合に、外部組織が間に入り、解決するための手続きを定めたものです。こうした法律によって、労働者を保護し、労働市場がより公正な取引の場となるようにしています。これらの権利がきちんと保障されてこそ、労働市場の健全な発展が可能となるのです。

(1) 雇用労働とは、「時間決め」で労働する能力を売ることです。なぜ、「時間決め」なのですか。その理由を説明してみましょう。
(2) 日本における労働時間など雇用の最低条件を決めている法律を何と言いますか。現在の法定労働時間は何時間でしょうか。
(3) 労働市場での取引をより健全なものとするため、市場取引で不利な労働者を保護する立法措置がとられ、その代表的法律を労働三法と言います。「労働基準法」「労働組合法」「労働関係調整法」ですが、それぞれの法律の概要を説明してみましょう。

8 5 労働力の質や量は、どうやって決まる？

　これまで説明してきたように、日々の労働力を売るしか生活できない労働者を保護する法律が制定された時代に生まれている私たちにとって、労働市場で取引される労働力の質や量は、どうやって決まるのでしょうか。それは、就職後においては日々の働き方を決めているものとも言えます。

　第1に、それぞれの国において、賃金、労働時間や労働条件などの最低基準が決められていますが、どの程度の労働基準が法律で制定されているかが労働力の取引に大きく影響します。そればかりではありません。その法律が、どこまで実際の労働水準を規制しているのか、すなわち法律がきちんと守られるように、どこまで実施されているのかということが重要です。

　第2には、労働市場での売り手である労働者が労働組合を結成して組織し、労働市場での交渉機能を高めるなどして、労働最低基準の実現やそれを上回

る賃金・労働時間・労働諸条件の水準を実現しているかどうかによって、実際の労働水準は決まっています。

　以上の実情は、国や地域によってさまざまですから、世界の国々の労働者の状態はさまざまとなっています。

産業別組織か企業別組織か

　労働組合がどのような組織を作り、労働市場での取引を有利にしようとするかは、各国の歴史や事情などによります。欧米では、産業別労働組合と言われる現場労働者が産業別に組織する労働組合が主流となりました。そこでは、労働市場で取引される仕事や職務に応じて産業別に賃金や労働条件等が決められています。どの企業に雇われていても差は小さく、産業別の労働契約が大きな役割を果たしているのです。

　日本では、明治時代になり労働市場が成立していない中で、国や企業が産業化を推し進めました。この中で、新卒者や若者など大量の労働力を調達して企業内で人材養成する、企業別労働市場が成立しました。第9章で学ぶように、その結果、第2次世界大戦後には、「日本的雇用慣行の三種の神器」といわれる終身雇用・年功賃金・企業別組合と呼ばれる特徴をもつようになりました。とりわけ1955年に始まった春闘による毎年の賃金増が、雇用労働者の中間所得層の増加を生み出し、日本の高度経済成長を支えることとなったのです。

　現在、日本の労働組合は、企業別に組織された組合が集まり、産業別組織を組織しています。それらの産業別組織が「連合」（日本労働組合総連合会）という日本のナショナル・センター（全国中央組織）を結成しています。「連合」には約700万人の労働者が組織されており、ほかにも「全労連」（全国労働組合総連合）、「全労協」（全国労働組合連絡協議会）があります。厚生労働省「労働組合基礎調査」によれば、2020年6月末現在の日本の労働組合員数は1,011万5,000人で、全雇用労働者5,929万人のうち17.1％（推定組織率）が労働組合に加入しています。1949年に55.8％の労働者が加入していたとされる推定組織率は、現在、過去最低水準に近いレベルとなっています。このことは、労働市場での取引に大きく影響しており、日本の労働者の状態を考えるうえで重要な論点になっています。

ワーク 3

　労働市場において、雇い主側の一方的に優位な取引とならないように、労働者側に市場取引ルールの例外を認めています。それはどのようなことですか。また、それにより労働市場が安定化する理由を考えてみましょう。

ワーク 4

　労働市場における取引の歴史は、供給側である労働者を保護する立法が成立し、現在でもその整備が進められています。労働市場の取引について、労働者保護の法整備が行われてきたのはなぜでしょうか。その理由を端的に説明してください。

　まず各自の意見を発表して共有し、次いでグループとしての見解をまとめてみましょう。

発展課題 👆

　個人や家族で事業を営んでいたり、請負契約で「フリーランサー」と称する働き方をしていたりする人は、この章で見てきた、雇われて働く労働者とどう違うのでしょうか。実は労働者を保護する労働法は、一般に自営業者や「フリーランサー」には適用されません。事業上の取引と考えられるので、労働市場での保護の対象とはされていないのです。したがって、最低賃金も労働時間規制などのルールも適用対象にはならないのです。そのため、自営業者や「フリーランサー」は、労働法による権利や保護の保障がない中で働き生活を営んでいくことになります。しかし、彼らの中には取引相手の指揮命令で働くなど、実質的に雇用労働者と同じ境遇で働いている場合も少なくありません。そのため、雇用労働者と同じように保護されるべきであるという見解もあります。みなさんは、これをどう考えるでしょうか。

 読んでみよう！

① 水町勇一郎『労働法入門 新版』岩波新書、2019年。

② 厚生労働省『知って役立つ労働法～働くときに必要な基礎知識～』（https://www.mhlw.go.jp/stf/seisakunitsuite/bunya/koyou_roudou/roudouzenpan/roudouhou/index.html）。

③ エンゲルス著、一條和生・杉山忠平訳『イギリスにおける労働者階級の状態：19世紀のロンドンとマンチェスター』上・下、岩波文庫、1990年。

④ マルクス著、エンゲルス編、向坂逸郎訳『マルクス 資本論』1～9、岩波文庫、1969～1970年。

第9章
雇用や働き方はどう変わる?

　日本の労働市場や働き方は、欧米先進国とは大きく異なる特徴をもっています。終身雇用などと言われてきた長期雇用慣行です。この仕組みは、どのようなものでしょうか。その長所と問題点は、どこにあるのでしょうか。また、近年、こうした雇用のあり方を変えようとする動きも見られ、今後は就職の仕方も変わっていくかもしれません。本章では、これらについて理解しながら、近年進んできているこうした特徴の変化について学びます。

↰ **本章の目標**

....

1. 日本的雇用慣行とは、どのような特徴をもっているのかを理解する。
2. この特徴の長所と問題点を学ぶ。
3. 近年進んできた雇用や働き方の変化について考える。
4. これからの雇用のあり方、働き方あるいは人事労務管理を、どのような特徴のあるものにするのかが、今後の大きな課題になっていることを理解する。

....

📖✏ **事前学習**

(1) あなたは、就職を考える際、仕事内容を重視しますか、それとも大企業かどうかを重視しますか。そう考える理由は何でしょうか。

(2) あなたは、新卒入社して定年まで働く日本的な雇用のあり方と、仕事本位で雇い成果に応じて処遇する「成果主義」的なあり方と、どちらが望ましいと思いますか。そのように考える理由も説明してください。

ワーク 1

　事前学習(1)、(2)についてグループで共有してください。なぜそのように考えるのか、他のメンバーの理由を理解しながら、多様な価値観があることを共有しましょう。

9 1 日本的雇用慣行の特徴

　日本の労働市場での労働力の売り方や買い方、あるいは需要と供給のあり方には、独自の特徴があります。この特徴を日本的雇用慣行と言い、**終身雇用、年功賃金、企業別組合**の3つがその大きな要素です。これらは、「日本的雇用の三種の神器」とも呼ばれ、日本を経済大国に押し上げた重要な要因で

あったとも言われました。

(1) 終身雇用

　日本の企業、とりわけ大企業では、新卒者を4月に一括採用し、定年まで雇い続けることが広くみられます。これを終身雇用と言いますが、亡くなるまで雇用されるわけではありません。また、必ずしも新卒ばかりではなく、転職入社（中途採用とも言います）するケースも中小企業では見られます。したがって、終身雇用という言葉は、若年時に入社し長期雇用される傾向のことを意味していると言えるでしょう。

(2) 年功賃金

　企業は、従業員が勤め続けるにしたがって、より高い賃金を払います。すなわち、勤続年数や年齢とともに賃金が上昇します。これを年功賃金と呼びます。こう説明されると、賃金が勤続年数や年齢で決まっていると誤解しがちですが、そうではありません。企業内の人材養成システムの下で従業員の勤続とともに上がっていく職務能力（仕事をする能力）と業績に応じて賃金は上がるのです。したがって、たくさん上がる人と少ししか上がらない人とがありうるのです。どの程度の昇給（前年よりも賃金額を上げること）とするのかは、企業の上司による査定あるいは人事考課と呼ばれる評価制度によって決められます。ただし、この評価は、たとえば、5,000円〜10,000円の間で行われ、低い評価の人でも最低額の5,000円は昇給します。すなわち、年功賃金とは、最低保障のある査定賃金です。この結果、平均額を見れば、勤続年数や年齢とともに賃金が上がる仕組みとなります。年功賃金は、「年の功」の賃金（勤続年数が長く年齢の高いことを理由に高い額を払う賃金）ではなく、「年と功」の賃金（勤続が長くなるにしたがって高い職務能力を身につけ、業績も上がることに応じて払う賃金）なのです。企業は必要とする労働力を、そのつど雇い入れるのではなく、企業内で育てていく（買い続ける）ことから、こうした特徴をもつことになったのです。

(3) 企業別組合

　このように、企業が具体的な職務能力をまだもっていない新卒者を4月に一括して雇い、企業内で必要な労働力へと養成しながらその労働力を定年ま

で買い続けるという日本の労働市場の特徴を、内部労働市場と呼びます。このような労働市場で、より高く労働力を売ろうとする労働者は、どのように集まって組織をつくることが得策でしょうか。それは、企業ごとに集まって労働組合をつくり、雇い主・使用者により高い賃金を要求することです。この結果、日本の労働組合は、企業ごとに組織されている企業別労働組合という特徴をもつようになったのです。欧米では企業を超えて職種別または産業別に労働者が組織され労働組合をつくっていますが、それとは大きく異なります。

9 2 日本的雇用慣行の成立とそのメリット

　新卒一括採用と定年までの雇用という長期雇用慣行は、日本経済の高度経済成長が始まった1950年代後半から広がりました。企業別組合が、産業別組織ごとに集まって春にいっせいに賃上げを要求する「春闘」（春季賃上げ闘争）を始めたのも1955年です。1960年代の後半になると、鉄鋼業など輸出産業の労働組合を中心とする春闘による賃上げが定着する一方で、職務能力の向上に応じて処遇する能力主義管理も広まっていきます。こうして、急速な技術革新による生産性の向上が推進される中で、賃金は毎年上昇し、生産と消費は急拡大していきました。

　1970年代に入ると円高や石油危機に見舞われ、高度経済成長は終わるものの、マイクロエレクトロニクス革命と呼ばれた自動化などの技術革新が進み、コスト削減と高品質を実現することで、日本は1980年代には経済大国へと発展しました。それを可能にしてきた要因は、団塊の世代（1947～1949年生まれ）という大量の労働力が存在したこと、企業と労働組合が協力しながら技術革新にともなう職務能力の向上と賃金増を実現してきたことにあります。

　こうして確立してきた日本的雇用慣行は、日本経済が拡大し続けることに適合したメリットある仕組みでした。それゆえに、日本で定着したのだと言えます。

　企業側から見れば、労働者が長期に雇用されるので、企業が必要とする労働力を自ら養成・確保でき、配置転換などによって技術革新に対応すること

も十分可能でした。高度経済成長期には、急速な事業拡大のために、大企業は新卒者を大量に採用・養成しながら必要な労働力を確保していったのです。その後の安定成長期には、マイクロエレクトロニクス革命と言われたコンピュータ技術を利用した電子機器などの新技術が急速に導入されましたが、企業内での教育と配置転換によって、それらに適応できる能力を労働者に身につけさせ、世界トップレベルの技術力のある企業へと発展することができました。

　労働者側からすれば、働きながら自分の職務能力の向上を図ることができ、雇用の安定と、年齢とともに増えてくる生活費を賃金増によってまかなうことが可能となりました。経済的な生活見通しをもって、労働者としての人生を歩むことができたのです。

⑨③ 不況の長期化と日本的雇用慣行の見直し

　近年、日本的雇用慣行に変化が生じてきていると言われます。その背景は、次のようなものです。

　バブル経済が崩壊した1990年代に入ると、これまでの日本経済が経験したことのない長い不況が続きました。経済成長がない中で、多くの企業の業績拡大は困難となり、むしろ悪化することとなりました。加えて、高度成長期に大量採用した団塊の世代などの従業員の高齢化も進み、終身雇用や年功賃金を維持した結果、新卒者や若年者の新規採用をひかえざるをえなくなり、高齢化にともなう労務費（従業員を雇うことで必要となるコストのこと。賃金ばかりでなく社会保険料の企業負担分やその他福利厚生費なども含まれる）の負担は増加しました。これでは経済のグローバル化にともなう世界規模でのコスト競争に負けてしまう、とする考え方が広がっていきました。とりわけ急速に成長し続けてきた中国など賃金の安い国との競争に太刀打ちできないとする危機感が強くなりました。

　この結果、新卒採用が大きく減少され、「就職氷河期」と言われる時期が2005年ごろまで続きました。また、正社員（正規従業員）が減少し、パートタイマーやアルバイト、派遣社員などの非正規労働者が増えるなど雇用形態の多様化が進みました。人事労務管理の面も変化しました。プロセスを評価

しないで従業員に仕事結果としての業績のみを求め、その成績に基づいて査定する傾向が強まり、「成果主義」の労務管理が強まりました。こうして、日本的雇用慣行を見直す動きが広くみられるようになってきました。このような動きの実態は、企業や産業によってさまざまで、その意味では企業間・産業間に大きな差がみられます。これまでの日本的雇用慣行が見直され、修正されつつありますが、修正内容が明確になってはおらず、新しい雇用慣行が模索されている時代となっているのです。

　そうした状況の中で、新型コロナウイルスのパンデミックに直面しました。2020年第2四半期（4〜6月）のGDP成長率は年率−27.8％で、戦後75年間で最大の落ち込みとなりました。雇用に大きな影響を与えたり、労働時間や働き方も変化したりしました。とりわけテレワークやリモートワークなどが急速に広まり、業績評価をどのように行うのか問題が浮上しています。あらためて「成果主義」人事管理を導入する動きも見られます。新型コロナウイルス感染症終息後には、コロナ禍の中で模索された経験もふまえた新しい人事労務管理が行われるようになるでしょう。

　終身雇用と言われる日本的雇用慣行の長所と問題点（短所）について考えてみましょう。
(1)　まずは、あなた自身の考える日本的雇用慣行の長所と短所を簡潔にまとめてください。
(2)　そのうえで、日本的雇用慣行について、①維持すべき、②維持しつつも修正が必要、③新しい別の仕組みに変えるべき、のどれに最も近いか、その理由とともに考えましょう。
　どちらもまず個人で考え、それをグループで共有したうえで、グループとしての見解をまとめてください。

9 4 労働力人口の状況

　日本の労働力の状況は、どうなっているでしょうか。労働力の動向を毎月調査している総務省の『労働力調査』の「詳細集計」によれば、2019年（令和元年）平均の労働力の状況は、図9.1のようになっています。

　仕事に就いている就業者は6,715万人です。仕事に就いていないが探している失業者は182万人（うち完全失業者は165万人）です。完全失業者はリーマンショック時には2008年の265万人から2009年には336万人へと大きく増え、それ以降減少しました。就業者と失業者をあわせて労働力人口と言いますが、2019年平均で6,897万人です。就業者のうち、自営業主が531万人、家族従業者が144万人、雇用者が5,995万人です。雇用者のうち、経営者などの役員が335万人、役員を除く雇用者（雇用労働者）が5,660万人です。労働力人口の82.1%が雇用労働者で、就職が決まれば雇用労働者になる予定の失業者まで含めると84.7%になり、大多数を占めます。

　雇用労働者の内訳を見ると、正規の職員・従業員は3,494万人、非正規労働者（パート、アルバイト、派遣社員、契約社員・嘱託など）は2,165万人です。近年、正社員が減少し非正規労働者が増え続けており、非正規労働者

図9.1　労働力人口の構成（2019年）

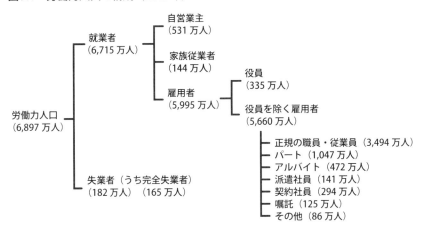

（注）　(1)　（　）の数値は、2019年平均の人数。
　　　　(2)　従業上の地位不詳が含まれるので、小計・合計は一致しない。
（出所）　総務省統計局「労働力調査（詳細集計）」2019年。

は雇用労働者の38.2％にも上っています。

　失業の動向を**完全失業率**の推移で見てみましょう。完全失業率とは労働力人口に占める完全失業者の割合（％で表す）のことです。かつて日本は、世界の先進国の中で最も失業率の低い国と言われてきました。高度経済成長期の完全失業率は1％台、石油危機を契機に悪化したと言われた時期でも2％台でした。しかし、バブル崩壊後に失業者が増え、1995年には完全失業率が3％を超えました。そして2002年には過去最悪の5.4％にまで上昇し、完全失業者は359万人に上りました。

　図9.2にある上の折れ線が、完全失業率の推移を示しています。景気回復によって2003年から完全失業率は低下し始めましたが、2008年9月のリーマンショック以降の世界金融危機と世界同時不況の進行にともなって、完全失業率は再び上昇へ転じ、2009年7月には過去最悪の5.6％に達しました。東日本大震災時にも高くなりましたが、その後低下し、2019年平均の完全失業率は2018年と同率の2.4％となっています。

　次に、全国の公共職業安定所（ハローワーク）に企業が申し込んだ労働者の募集状況を見てみましょう。これを求人と言います。仕事を探している人が職を求めて公共職業安定所へ申し込んだ数を求職者数と呼びます。求職者数に対する求人数の割合（何倍かで表す）を**有効求人倍率**といい、1人の求職者にいくつの求人があるのかを表します。有効求人倍率が1.0であれば、1

図9.2　日本の有効求人倍率と完全失業率の推移

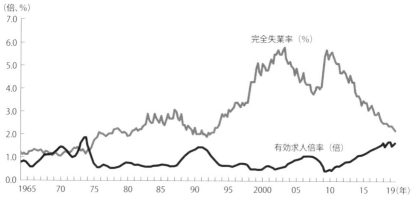

（注）　数値は四半期ごと。
（出所）　総務省統計局「労働力調査」および厚生労働省職業安定局「職業安定業務統計」に基づき筆者作成。

人の求職者に1社の求人があることを示します。図9.2の下の折れ線が有効求人倍率の推移です。

　1992年に有効求人倍率は1.0を下回り、1999年には0.5を下回ってしまいました。求職者の2人に1人しか仕事がない状態に陥ったのです。その後少しずつ回復し、2006年になってようやく1.0を上回るようになりました。しかし、2008年になると再び1.0を切り、2009年には0.47まで悪化しました。その後徐々に回復し、2014年に再び1.0を上回るようになり、人手不足の状況になりました。2019年12月は1.57でした。

　完全失業率や有効求人倍率は、労働市場における需要と供給の動向を表す指標として重要なものです。現在、新型コロナウイルス感染症の影響で、世界と日本の経済は大きな影響を受けています。完全失業率が高まり、有効求人倍率が低下して、深刻な雇用問題が発生するのではないかと懸念されています。これらの指標の動きに引き続き注目していきましょう。

ワーク
3

　近年、成果主義賃金を取り入れる企業が見られるようになりました。あなたは、結果業績を重視する「成果主義」人事制度についてどう考えますか。賛成ですか、それとも反対ですか。まずは個人で考え、そのあと、グループで共有しましょう。その際、その理由も一緒に議論してください。考えが違う場合は、特にどんな理由で違う見解に至ったのか、理解するように努めましょう。

9 5 若者の雇用について

　若者の雇用に見られる特徴について、簡単に触れておきます。これまで述べてきた失業者の増減や雇用形態の多様化の中で、特に若年の失業率の高さや非正規従業員や派遣社員などの増加という傾向が、顕著に表れていると言えます。図9.3の年齢階級別完全失業率の推移に見られるように、15〜24歳の失業率が最も高くなっています。25〜34歳もそれに次ぐ水準です。かつ

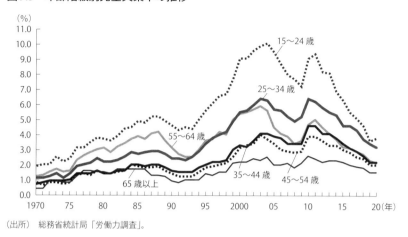

図9.3　年齢階級別完全失業率の推移

（出所）　総務省統計局「労働力調査」。

て失業問題は中高年の問題と考えられてきましたが、近年ではむしろ深刻な若者の問題となっています。

　特に深刻な問題と言われているのは、ニート（NEET）の増加です。これは、Not in Education, Employment or Training の略であり、就学しておらず、働いてもおらず、職業訓練も受けていない若者を意味しています。図9.4には、若年無業者数の推移として、総務省が推計したニートの人数が示されています。これによると、2002年以降、おおむね60万人を超える人数に上っています。最近でも50万人以上であり、2019年では56万人です。

　また、若者の間ではフリーターも増加しています。フリーターの明確な定義はありませんが、正社員となることなくアルバイトやパートタイマーなどの非正規労働者であるか、または仕事に就いておらず非正規労働者を希望している若者を指しています。図9.5に示されているように、政府の推計では1990年代に急速に増加し、2003年には217万人にも上りました。2019年においても、138万人となっています。25～34歳では、2002年以来、90数万人前後の水準で推移しており、景気回復が進んだ2003年から2008年にかけてもあまり減少していません。いわゆる就職氷河期世代が、正社員となることが非常に困難であった状況を示しています。さらに、最近では、フリーターが35～44歳、45～54歳でも増加傾向にあり、その高齢化が懸念されています。

図9.4 若年無業者数の推移

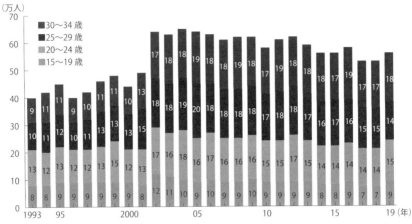

（出所）　総務省統計局「労働力調査（基本集計）」。

図9.5 フリーター数の推移

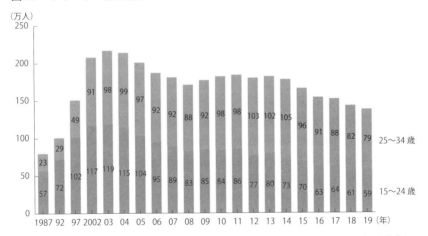

(注)　(1)　1987年、92年、97年については、フリーターを、年齢は15〜34歳と限定し、①現在就業している者については勤め先における呼称が「アルバイト」または「パート」である雇用者で、男性については継続就業年数が1〜5年未満の者、女性については未婚で仕事を主にしている者とし、②現在無業の者については家事も通学もしておらず「アルバイト・パート」の仕事を希望する者と定義し、集計している。
　　　(2)　2002年以降については、フリーターを、年齢15〜34歳層、卒業者に限定することで在学者を除く点を明確化し、女性については未婚の者とし、さらに、①現在就業している者については勤め先における呼称が「アルバイト」または「パート」である雇用者で、②現在無業の者については家事も通学もしておらず「アルバイト・パート」の仕事を希望する者と定義し、集計している。
　　　(3)　1987年から97年までの数値と2002年以降の数値とでは、フリーターの定義等が異なることから接続しない点に留意する必要がある。
（出所）　1987年、92年、97年については「平成17年版　労働経済の分析」より転記。2002年以降については、総務省統計局「労働力調査（詳細集計）」。

こうした若者におけるニートやフリーターの増加は、長引く不況期に企業が新規採用をひかえたため、若者の就職が困難となったことが1つの要因です。年功的な処遇と長期雇用を柱とする日本的雇用慣行の下で、企業は景気の後退にともなう雇用調整を中高年の解雇ではなく、新規採用の取りやめや抑制を優先させて実施したのです。

　もう1つは、若者の働く意識の変化が大きく影響していると考えられます。学校卒業後3年以内に企業を辞める新卒入社した若者の離職率は、おおよそ中学卒7割、高校卒5割、大学卒3割となっています。終身雇用へのこだわりは若者の間では弱まってきています。仕事への意欲を喪失しているケースもみられ、「パラサイト・シングル」といった呼び名も生まれました。学校卒業後も経済的に余裕のある親と同居し、衣食住などの基礎的生活条件を親にパラサイト（寄生）しながら、気楽に生活する未婚の若者のことを、パラサイト・シングルと言います。彼らは失業しても差し迫った状況にはなく、気に入らないことがあれば、すぐに会社を辞めてしまうし、また仕事にもこだわりが強く、自分の好みの仕事が見つからないうちはフリーターとして働くというのです。

　こうした若者の間に広がる失業問題や、フリーターやニートの増加という問題は、日本的雇用慣行の見直しにともなう新しい雇用慣行の行方や、新型コロナウイルス終息後の新しい人事労務管理などの出現とあいまって、みなさんの将来に直接・間接にかかわってくるかもしれません。特に、若年時の職務経験や職務能力形成のあり方は、その後のキャリアや職業人生に大きな影響を及ぼします。こうした視点に留意しつつ、これらの問題については、今後も注意深く見守っていくことが必要でしょう。

ワーク4

　この章で学んださまざまな日本の雇用慣行について、もう一度、よく考えてみましょう。自分が労働者としてこれから働く場合、以下の問題についてどう考えますか？　また、雇い主・使用者になるとしたらどうでしょうか？

　まずは個人で考え、そのあと、グループで共有しましょう。置かれた立場が変わると、意見は変わるでしょうか？

①	終身雇用の廃止に	1）賛成	2）どちらとも言えない	3）反対
②	新卒一括採用に	1）賛成	2）どちらとも言えない	3）反対
③	年功賃金の廃止に	1）賛成	2）どちらとも言えない	3）反対
④	定年制の廃止に	1）賛成	2）どちらとも言えない	3）反対

これからの学習

　第8章と第9章は、働くうえでの基礎知識を提供しています。第8章では、雇われて働く労働の本質的性格と、労働市場における労働法や労働組合の不可欠な役割について、第9章では、日本独特の雇用慣行の特徴とその意義、非正規労働者が大きく増加するなどの雇用状況の変化について、それぞれ学びました。第8章と第9章の内容は、学問的には、労働経済学、社会政策論、労使関係論、人事労務管理論（人的資源管理論）といった専門分野に関係します。労働者の働き方をめぐる問題を、それぞれ異なる視点や方法で研究する諸学問です。

　将来、大多数の人が雇用労働者になるとすれば、働くことの基礎知識はとても大切です。ここにある説明が納得できたでしょうか。覚えるのではなく理解することが大切です。この基礎的内容を繰り返し復習して深く理解できれば、現実に起こる諸問題への理解も進んでいきます。

　第8章と第9章でとりあげた問題に関心を抱いた人、もっと詳しく知りたいと感じた人は、次に掲げた文献を積極的に読み、視野を広げ理解を深めましょう。

 読んでみよう！

① 白井泰四郎『現代日本の労務管理（第2版）』東洋経済新報社、1992年。
② 濱口桂一郎『新しい労働社会──雇用システムの再構築へ』岩波新書、2009年。
③ 森岡孝二『就職とは何か──〈まともな働き方〉の条件』岩波新書、2011年。
④ 熊沢誠『新編　日本の労働者像』ちくま学芸文庫、1993年。

第10章
お金の面から
経済を見ていこう!

　これまで、お金については、あたかも空気のように、あってあたりまえの
ものとして話してきました。今回はちょっと立ち止まって、お金あるいは貨
幣そのものについて考えてみます。言うまでもないことですが、お金は経済
にとってなくてはならない存在です。たとえば、アルバイトでお金を稼い
で、食べ物や教科書などの必要なものを買う。経済の基本的な活動である生
産と消費の間には必ずお金のやり取りが発生します。こうやって経済はお金
を介して循環しているのです。したがって、本章の前半では、普段、私たち
の生活の中で、なんとなく使っているお金について、じっくりと考えてみた
いと思います。

　さて、お金といえばもう1つ大事なことがあります。それは金融と呼ばれ
ているもので、要はお金の貸し借りのことです。借金という言葉は、おそら
くとてもイメージの悪いものだと思います。ドラマや漫画でも金融をテーマ
にした作品は多く、そこでは多くの場合で多重債務者や借金の取り立てなど
ダークなイメージで物語が展開していきます。しかし、現代の経済活動の中
では、むしろお金の貸し借りこそが経済活動を活発にし、経済成長にも貢献
してきました。つまり、金融は経済にとってなくてはならないものなのです。本章の後半では、基本的な金融の仕組みについて考えていきたいと思い
ます。

1. 貨幣とは何か、そして貨幣にはどんな役割があるのかを考える。
2. 金融の基本的な仕組みを理解する。

📖 事前学習

⑴ あなたは人生の中でどういう場面でお金を借りると思いますか？ 3つ
  のケースを想像し、どんなときにいくら借りるのか、考えてみてくださ
  い。

⑵ 金融取引には必ず金利がともないます。そこで、どういった金融取引が
  何パーセントの金利なのか具体的に4つ調べて書き出してみてください。
  その際、どの金融機関のどのような金融商品なのかを明記し、「預金の金
  利」と「ローンの金利」を必ず含めるようにしてください。

⑶ ⑵で調べた各種の金利について、なぜ金利が異なるのかについての理由
  を考えてみてください。特に注意してもらいたいポイントは、預金の金利
  とローンの金利がなぜ大きく違うのかということです。この点に気をつけ
  ながら考えてみましょう。

ワーク
1

> 　事前学習の⑴、⑵、⑶について、グループで共有しましょう。特に
> ⑶については考え方の根拠を示しながら、グループでまとめましょ
> う。

10 1 貨幣はなぜ存在するのだろう？

　私たちは誰もが、お金、すなわち**貨幣**をある意味であたりまえのものとし
て使っています。お金を稼いでモノを買うというのは、日々の生活の中で誰

もが行っているあたりまえの行為です。しかし、なぜ貨幣を使う必要があるのでしょうか？　こう問われると意外と答えるのは難しいと思います。まず最初に、経済活動の中で貨幣が必要である理由について理解するところから始めたいと思います。結論から言うと、貨幣の機能は3つあって、それぞれが重要な役割を果たしているからこそ、私たちの社会で貨幣が使われているのです。まず以下のコラムを見ていきましょう。

コラム

もし貨幣が存在しなかったら

　貨幣が存在せず**物々交換**しかない大昔、あるところにブタを1匹連れた太郎さんがいました。太郎はさまざまなモノを交換したい人が集う広場へと向かっていました。太郎はブタをサカナと交換したいと思っていたのです。そのときサカナをかついだ次郎さんに出会いました。次郎はブタが嫌いでサカナをニワトリと交換しようと思っていました。しかし、これでは交換が成立しません。そこで太郎は、はじめにブタをニワトリと交換し、その後にニワトリを次郎のサカナと交換しようと考えました。走りまわってニワトリをもっている人々に声をかけ、ブタとの交換を申し出たのです。しかし、みんなブタが嫌いで誰もOKしてくれません。

　もし、世界にブタとサカナとニワトリの3種の財しか存在しないのなら、ニワトリを交換に出そうとする人はブタとサカナのどちらかと交換しようと思っているのだから、2、3人のニワトリを持った人に出会えばブタと交換できたかもしれません。しかし、世界に100種類の財が存在するなら、ニワトリをもった人が交換し手に入れたいと思う財には99通りの可能性があるので、ブタと交換したい人を見つけるのは難しくなります。

　さて、このコラムから見えてくることは何でしょうか？　それは物々交換が大変だということです。ブタとサカナとニワトリの3種の財しか存在しないのなら物々交換の組み合わせは、「ブタとサカナ」、「ブタとニワトリ」、「サカナとニワトリ」の3通りです。これだけでも太郎はスムーズにほしいものと交換することができませんでした。交換される財の数が増え、たとえば100種類の財が存在するなら、どうでしょうか。物々交換の組み合わせは、

$100 \times 99 \div 2 = 4,950$ 通りにもなってしまいます。ここで、貨幣が重要な役割を果たします。もし貨幣が存在すれば、交換は100通りですむのです。もっと言えば、貨幣さえ持っていれば、100種類の財といつでもスムーズに交換することができるのです。太郎のケースのように、もっている財を別のものに交換してからほしいものを手に入れるといったようなわずらわしい作業は必要ありません。言うまでもなく、現実の社会には100種類どころか、無数の商品やサービスが存在しています。このような状況で物々交換を行うことがいかに非効率か想像に難くないと思います。しかし貨幣があれば、物々交換よりもずっとスムーズに交換ができるのです。この貨幣の働きを**交換媒介機能**と呼びます。

　貨幣の機能はこれだけではありません、2番目の機能は**価値尺度機能**と呼ばれるものです。これは、財の価値を客観的に数字で表すことができる機能です。これによって、ブタは500円、ニワトリは300円……というように100種類の財の価値を誰もが瞬時にわかるように表すことができます。もし貨幣がなければ、私たちは交換しようとする財の価値を即座に知ることはできません。いったい、自分のもっている財と相手のもっている財をどのくらいの比率で交換すればよいのか、いちいち相談や交渉をしなければなりませんよね。こんなことをいちいち行っていては大変です。コンビニでペットボトルを買うのだって、自分のもっているどのようなモノをどれだけとなら交換してくれるのか、店員さんと相談や交渉をしなければならないのです。財やサービスの価値を誰にでもわかる形で、客観的な数字で表示してくれるのは、貨幣のとても便利な機能の1つなのです。

　第3の機能は、**価値貯蔵機能**です。要は、これは「お金は貯められる」ということです。たとえば、ブタを売って500円を手に入れた太郎は、今日サカナを買わずに、将来クジラを買うために貨幣を貯めておくこともできます。もし貨幣がなかったらどうなりますか？　太郎はブタを貯めることはできますか？　将来の交換のためにブタを貯めておくことはある程度は可能ですが、貨幣と違ってブタは生き物ですから、時間がたてば老化します。結果的に肉質や繁殖能力が劣化して、ブタの価値が下がっていきます。貨幣はその点で優れています。劣化がないため、長期間にわたって貯めることができるのです。私たちの生活の中で必要となるものは、すぐに必要な物ばかりとは限りません。1カ月後に必要なもの、1年後に必要になるもの、場合に

よっては10年後に必要になるものなどさまざまです。貨幣が価値を貯めておくことができるからこそ、時間に合わせた消費活動が可能となるのです。

10 2 貨幣って現金だけ？

　貨幣と言えば何ですか？　この質問に答えられますか？　おそらく多くの人は、財布の中に入っているお札や硬貨、すなわち現金を真っ先にイメージすると思います。これは間違いではありません。しかし、これだけでよいでしょうか？　私たちは自分たちがもっているお金がいくらなのかを考える場合、財布の中身だけを確認して終わりでしょうか？　違いますよね。私たちがお金を考える場合、当然、現金だけではなく、銀行などの金融機関の預金や貯金を含めて考えるはずです。そうです、貨幣といった場合、現金だけではなく預貯金も含めるのが適当なのです。預金はATMから引き出せば現金にすることが可能ですし、家賃や携帯電話料金を預金口座から直接引き落として支払う（口座振替）ことも可能です。こうなってくると、預金も貨幣として考えるべきでしょう。

　では次に、いったい、日本にはどの程度の貨幣が存在しているのか気になりますよね。つまり、私たちのような一般の個人の現金と預貯金、それから企業も当然、現金や預貯金を保有していますから、これらをすべて合計した数字です。この合計額については日本銀行が集計して統計として公表しているので、それを少し見てみることにしましょう（表10.1）。

　世の中にどれだけ貨幣が存在しているのかを示すのが**マネーストック統計**です。いくつかの項目に分かれていて、便宜上、M1、M3などの記号が付けられています。まず、ここから何を読み取れるでしょうか？　そうです、

表10.1　マネーストック統計（M1とM3、2020年7月）

M3	M1	現金（日銀券＋硬貨）	108兆円
		要求払い預金（代表的なもの：普通預金）	794兆円
		定期性預金（代表的なもの：定期預金）	523兆円
		CD（譲渡性預金）	28兆円

（出所）　日本銀行調査統計局。

思ったよりも現金が少ないということです。つまり、預金額を合計するとおよそ1,300兆円もの額になるのに、現金はわずかに100兆円程度しかないということです。ですが、これは冷静に考えれば当然のことでしょう。みなさんも、お財布の中身と預金口座の残高を比べてみてください。多くの場合、お財布には必要最低限の金額しか入れておかないはずです。残りはすべて預金口座に入れて管理しているケースが多いと思います。企業だって、不用意に多額の現金を手元に置いておかないはずです。

　次に確認したいことは、預金が主に要求払い預金と定期性預金の2つに分かれていることです。よりわかりやすく言えば、**普通預金**と**定期預金**です。普通預金は、ATMや銀行窓口からいつでも現金として引き出すことができますし、直接口座から引き落として支払うような口座振替や口座間で送金する振り込みにも対応している便利な口座です。一方、定期預金は主に利殖目的で使う口座で、1年や2年など一定期間引き出すことができない代わりに、金利（利子・利息）が高いという特徴があります（金利については後ほど詳しく解説します）。普通預金に比べると定期預金は、一定期間引き出しや支払いができない口座なので貨幣の定義に加えるべきか難しいところですが、人々が保有するお金であることに変わりはないため、貨幣として考えるのが一般的です。

　なお、マネーストックの総額はおよそ1,400兆円ですが、これがどのくらいの規模かというと、政府の1年間の予算が約100兆円ですから、その14倍ということになります。私たち個人や企業が保有するお金がいかに膨大なものかわかりますね。

⬤10 ⬤3　なぜ金融は必要なのか？

　金融とは、いわゆるお金の貸し借りのことです。お金を借りるという行為は、あまりイメージの良いものではないですよね。しかし、経済活動にとってはきわめて重要なものです。戦後、日本が高度経済成長を実現し、今の私たちが先進国として豊かな生活を送ることができるのは、金融の仕組みのおかげといっても過言ではないのです。

　では、経済にとって、なぜ金融が大事なのでしょうか？

その答えは、お金を借りることで時間を節約することができるからです。たとえば、私たち個人が家を購入する場合を考えてみましょう。一般的に、家を買うというのは、人生において最も高価な買い物です。当然、多額のお金が必要になってきます。普通に考えれば働いてコツコツとお金を貯めることになりますが、家が高価なだけに非常に長い時間がかかります。コツコツと貯蓄を続けて、退職間際になってようやく家を購入できたとしたらどうでしょう。嬉しい反面、せっかくの新築でも、その家に住むことができる時間は残り少ないかもしれません。可能なら、若いうちに家を購入して、その後の長い充実した人生を送りたいでしょう。こんな時に、金融の仕組みが役に立ちます。銀行から家を購入するためのお金を借りて（住宅ローン）、その後、働きながらコツコツと返済すれば、若いうちに家を購入することができるのです（銀行については後で詳しく説明します）。

　これは企業にとっても同じことです。ビジネスを拡大するために、お店を増やしたいと思っても、そのために必要なお金を調達するのに企業の自己資金だけでは時間がかかります。銀行からお金を借りることができれば、早い段階でお店を増やすことができます。後は、稼いだ利益の中からコツコツと銀行に返済していけばよいのです。このようにして、金融の仕組みがうまく機能すれば時間を節約することができるので、素早く事業を大きくすることが可能となります。こうして、戦後の日本は、企業が金融の仕組みを通じて多くの資金を借り入れることができたため、結果的に高い経済成長を実現できたのです。

10 4 金利って何？

　私たちがコンビニでペットボトルを買う場合、その対価としてお金を支払います。それと同じで、お金の貸し借りである金融取引自体もビジネスである以上、当然、タダではありません。ただ、金融取引は通常の商品と違って、お金自体が商品ですから、「お金を貸すというサービスを提供した貸し手」が「お金を借りるというサービスを購入した借り手」からサービス料として何を受け取るのかという点が少し難しいところです。とはいえ、金融取引の対価も普通の商品と同じで、結局はお金で支払います。これを金利（きんり）と言

います。利子とか利息と同じ意味で使いますが、ビジネスの世界では金利と呼ぶのが普通です。金利は通常の商品と違って「円」ではなく「％」で表記します。

　金利とは、お金を借りる際に、借り入れる金額の一定割合をサービス料として借り手が貸し手に支払うものです。たとえば、100万円を10％の金利で1年間借り入れる場合、100万円に対する10％ですから金利は10万円になります。この場合、1年後には100万円を返済しますが、それに加えて金利10万円も支払わなければなりません。ここで注意しなければならないのは、**通常、金利は1年間お金を借りた場合の利率**を示しています。これを年利と言います。

　それでは、100万円を金利10％で2年間借りる場合、支払う金利はいくらになるでしょうか？　答えは20万円です。金利10％は年利ですから、あくまで1年間の借り入れに対して支払う金利です。2年間お金を借りるのだから、10％が2回必要になるので合計20万円を金利として支払うことになります（利息計算には単利と複利がありますが、ここでは単利を扱っています）。みなさんも、将来、住宅ローンを組んでお金を借りることもあると思いますが、このあたりは勘違いしないようにしましょう。

　次の2つのケースについて、実際の金利の支払い額を考えてみてください。
(1)　500万円を3％の金利で7年間借り入れた場合の年間の利払い額と満期までの総額
(2)　500万円を15％の金利で3年間借り入れた場合の年間の利払い額と満期までの総額

10　5　誰がお金を貸してくれるの？
——間接金融：銀行の仕事

　さて、前述したように、お金を借りることで、企業や個人は大幅に時間を

節約することができました。次に気になるのは、誰がそのお金を貸してくれるのか、ということです。

このような金融取引を仕事にする会社のことを**金融機関**と呼びます。その中でも代表的な存在は、**銀行**です。銀行は、企業や個人、そして政府にもお金を貸します（**融資**と言います）。

ただし、ここで注意が必要です。銀行が貸し出すお金は銀行自身のお金ではありません。銀行自身も融資するためのお金を別の誰かから借りているのです。実は、それこそが私たちの預金なのです。銀行は預金という形で私たちからお金を借り入れて、それを企業などに貸しています。つまり、銀行は当面使う予定のないお金をもつ預金者と、すぐにお金を必要とする企業・個人・政府を結びつける仲介者の役割を果たしていることになります。

お金を借りた企業は返済しながら銀行に金利を支払います。この企業から受け取る金利が銀行のもうけになるわけです。このようにして、銀行が仲介役となって、お金の貸し借りを行うことを**間接金融**と呼びます。

ところで、企業が銀行からお金を借りる際の金利は同じではありません。なぜでしょうか。銀行と企業は融資契約をする際に、お互いに交渉しながら金利を決めます。金利を決める際の判断基準になるのは主に2つです。

1つは、銀行にとっての貸出リスクです。たとえば、財務状態が良い企業であれば、お金が返済される可能性が高いため銀行も安心ですが、財務状態が悪い企業に融資する場合には返済可能性が下がるため、高い金利で貸さなければ割に合わないということになるのです。したがって、融資したお金が

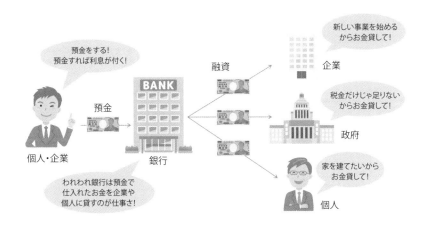

回収できなくなる可能性の大きさによって金利が変わることになります。

　2つ目は、融資の期間です。期間が長ければ長いほど銀行はその資金が長期にわたって使えず、返済されないリスクも高まるため、高い金利でなければ貸せないということになります。企業はできるだけ低い金利で借りたいところですが、中小零細企業で財務状態が良くないようなケースでは高い金利を受け入れるしかないのです。

⚫10 ⚫6　誰がお金を貸してくれるの？
──直接金融：証券会社の仕事

　実は、代表的な金融機関は銀行だけではありません。もう1つ重要な金融機関に**証券会社**があります。証券会社も本質的には銀行と同じで、お金の貸し手と借り手を結びつける仲介者の役割を果たしています。証券会社が仲介する金融取引のことを**直接金融**と言います。ただし、銀行とはやり方が大きく違うので気をつけてください。

　まず、最初にお金を借りたいと思う企業が**有価証券（債券・株式）**を発行します。この有価証券は、お金を貸してくれた人に引き渡す借用書のようなものです。つまり、お金の貸し手はお金を貸した証として、企業や政府が発行する有価証券を手にするわけです。

　このときに、証券会社が重要な役割を果たします。企業や政府が有価証券を発行してお金を借りたいと思っても、お金を貸してくれそうな人を探し出すのは困難です。なぜなら、自分にお金を貸してもよいと思っている人が誰で、どこにいるかを知らないからです。そこで、証券会社が間に入って、代わりに企業や政府の有価証券を買ってくれそうな人を探してくれます。証券会社にはお金を運用したい、つまり誰かにお金を貸したり、出資してもうけたいと考えている多くの顧客が口座をもっています。証券会社がこれらの顧客に有価証券の購入を呼びかけることで、スムーズに買い手を見つけることができるわけです。

　ここで、もう1つ知っておいてもらいたいことがあります。有価証券という言葉は総称で、実際にはさまざまな種類のものがあります。ここでは代表的な有価証券として**債券**と**株式**の2つを紹介します。

　債券はひと言で言うと、企業や政府がお金を借り入れる際に用いる有価証

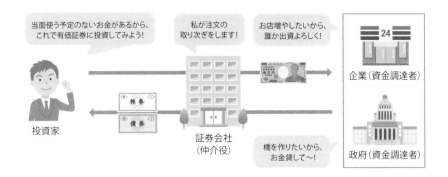

券です。企業が発行するものを**社債**、政府が発行するものを**国債**と言います。この債券を、お金を貸して金利で儲けたいと思っている人（**投資家**）に買い取ってもらうことで、お金の貸し借りが成立します。この時点で企業や政府は借りたお金を手にし、投資家は債券をもつことになります。債券には１年や10年といったような期限（**満期**と言う）が設定されていて、その間、企業や政府は投資家に金利を支払いつつ、満期が来たら借り入れたお金を返済して、一連の金融取引が終わります。

　次に、株式について説明します。株式は債券とは異なり、正確にはお金の貸し借りではありません。株式は企業だけが発行するものですが、これを投資家に買ってもらうと、それは**出資**という扱いになります。この出資という言葉は非常に大事な言葉なのであいまいにせず、正確に理解してください。企業は投資家からの出資で調達したお金を返済する必要はありません。逆に言うと、株式を購入するために支払ったお金が投資家に返済されることはありません。

　しかし、あたりまえのことですが、投資家はメリットがなければ株式を購入するはずがありません。返済されないお金を企業に提供する見返りは何でしょうか？　投資家が株式を保有するメリットの１つは、ひと言で言うと企業の所有者、つまりオーナーの１人になれることです。所有者の１人になるということは経営に口を出すことができますし（**議決権**）、企業の利益の一部を**配当金**として受け取ることもできます。つまり、出資とは、カネは出すけれども口も出すといったところでしょうか。ここが、単なるお金の貸し借りの関係でしかない債券とは異なるところです。企業からすれば、債券とは異なり返済しなくてよいお金を入手することができますが、経営に介入され

てしまうというデメリットがあるのです。

　以上、まとめると、金融取引の代表的な方法は、①銀行から借り入れる方法、②証券会社の仲介によって債券で借り入れる方法、③証券会社の仲介で株式を発行して出資してもらう方法、の3つになります。このような形で、社会に存在するお金はグルグルと循環し、有効に活用されているのです。金融の仕組みがあるからこそ、経済が飛躍的に発展し、豊かな生活を享受できていることを忘れてはなりません。

コラム

企業の資金調達の実際

　企業が金融の仕組みを使って資金調達を行う場合、絶対正しいというような正解はありません。つまり、どのような方法で資金を調達すべきかは、その時々の経済的な状況や企業自身の状況や事情などのさまざまなものを考慮して適切な判断をしなければなりません。学校のテストのように常に〇か×かの世界ではないのです。

　たとえば、景気が悪くなって株価が下がった！　という場合は株式を発行して資金を調達するメリットは小さくなります。なぜなら、低い株価でしか株式を発行できないからです。つまり、1株当たりの調達額が小さくなってしまうし、そもそも景気が悪いので株を買いたいという投資家が少ないのも問題です。予定していた額を調達できないかもしれません。

　逆に、世の中の金利が高くなった！　という場合は、債券での調達は難しくなります。なぜなら、市場での金利に合わせて発行する債券の金利も高くしなければならないからです。発行する債券の金利が高ければ、当然、借り入れた資金に対して支払う金利が多くなってしまうからです。

　この他にも企業が判断すべきことはたくさんあります。新聞やニュースに触れることで、企業がどのような判断でどのような方法で資金調達を行っているのかの実際を知ると面白いですし、使える知識になるはずです。

ワーク 3

　みなさんは、結婚していて 2 人目の子どもが誕生したばかりだとします。現在住んでいる賃貸では手狭になってきたので、そろそろ一戸建てを購入して家族で住みたいと考えています。しかし、手元にはあまりお金がないため、銀行の住宅ローンを利用すべきか迷っています。そこで、住宅ローンを借りる際に、どんなところに注意すればよいかをまず自分で考え、それをもとにグループで話し合ってみてください。注意すべき点は複数あるので、たくさんの意見を交換してみてください。

ワーク 4

　これから、銀行業務のシミュレーションをしてみます。
　みなさんは、銀行の融資担当者の仕事をしているとします。今、3 つの企業から資金を貸してほしいという相談がありました。そこで、みなさんは銀行員として 2 つのことを判断しなければなりません。1 つ目は融資をするかしないか、2 つ目は融資をする場合、金利をいくらに設定するか、です。これらをグループのメンバーと話し合いながら決めてください。そして、それぞれの決定について必ず理由を明確にしてください。みなさんがお金を貸す側である銀行員であるという立場を意識しながら、融資するかしないかを決めたうえで、(a)1.5%、(b)2%、(c)4% の中から適切だと思う金利を選んでください。
　〔ヒント：日本で最も有名な優良自動車メーカーへの 2 年の融資金利が 1 % だとします。つまり、最も返済可能性が高い日本企業に 2 年間の貸出を行った場合の金利です。これを基準に考えてみてください（10-5 節もあらためてよく読んでください）〕。
　①大手のお菓子メーカー（創業100年を超す老舗）
　　経営状況：長年大幅な黒字続きで経営状態は良好
　　既存の債務：債務は比較的多いが、3 年分の利益でカバーできるレベル
　　資金の使い道：東京近郊に最近人気のチョコアイスの工場を建設するため

希望借入額と期間：3億円／期間15年間

②中堅企業のフィットネスクラブ（創業から20年が経過）

　経営状況：昨年は小幅な赤字だったが、この10年はおおむね若干の黒字傾向

　既存の債務：債務はほとんどなく、無借金経営

　資金の使い道：老朽施設の補修工事のため（プールのボイラーの更新など）

　希望借入額と期間：5,000万円／期間2年間

③地元商店街にできた小さなラーメン店（半年前に開業したばかり）

　経営状況：ラーメンが美味しいと評判で将来性はあるが、小幅な赤字が続いている

　既存の債務：開業時に他金融機関から2,000万円の借り入れを行っている

　資金の使い道：自動券売機の導入のため

　希望借入額と期間：200万円／期間3年間

ワーク 5

　みなさんは、とある大手物流会社の常務取締役です。最近、ネット通販の利用が急速に拡大したことで仕事が忙しくなりました。これは会社にとっては良いことです。しかし、仕事が増えすぎたことで、人手と運搬するトラックが不足するという事態に直面しています。せっかくのビジネスチャンスなのに、このままではその波に乗れません。そこで、思い切ってトラックを10台購入することにしました。約3億円の資金が必要です。資金の借り入れのため、取引銀行に相談に行ったところ、過去にトラブルがあったことを理由に断られてしまいました。

　そこで、次に証券会社に相談することにしました。つまり、債券か株式を発行して資金を調達することを検討するのですが、その前に、証券会社の担当者が現在の経済環境についてレクチャーしてくれました。

　それによると……

①中国経済が好調なおかげで日本経済の景気も非常に良く、株価は

上昇傾向にある。しかし、その一方で金利は例年に比べて高い水準である。

②世界的な疫病の蔓延で生産活動が低下し景気は悪化、株価も低下傾向である。その影響もあって、金利は昨年に比べて大幅に低下している。

③IT産業が活発なため日本経済の景気は絶好調で、さらに株価も過去最高を記録した。金利は例年と同等か少し高い程度の水準である。最近は経営に積極的に介入してくる投資家が多いという報道があった。

　さて、ここで、債券と株式のどちらで資金を調達すべきなのかを、上記の3つのケースごとに考えてみてください。単純化のため、判断の根拠はここに書かれた情報のみとします。両者のメリットやデメリットをあらためて確認しながらグループで話し合って決定し、その理由も明確にしてください（コラム「企業の資金調達の実際」を参考にしてみてください）。なお、③は少し高度な判断が求められます。自信のある方はぜひ挑戦してみてください。

発展課題❶

（個人ワーク）

　実は銀行といってもたくさんの種類があります。具体的には、都市銀行（メガバンク）、地方銀行、信用金庫、政府系金融機関などです。この4つの銀行の違いについて整理してみてください。

発展課題❷

（グループワーク）

　銀行員という職業について考えてみましょう。ここまで学んできて、銀行員に求められる資質、あるいは必要なスキルは何だと思いますか？また、銀行員が仕事をするうえで気を付けなければならない点は何だと思いますか？

調べてみよう！

日本銀行ウェブサイト　マネーストック統計
　https://www.boj.or.jp/statistics/money/ms/index.htm/

第11章
日本銀行は
何をしているの？

　日本の中央銀行である日本銀行って何をしているの？　と聞かれたら、それに答えることはできますか？　日本銀行という名前は誰でも聞いたことがあるはずです。しかし、日本銀行が実際に何を行っていて、どういう点で私たちの生活に関係しているのか、ということについては知らない方が多いのではと思います。そこで、本章では日本銀行の役割について、日々のルーチンワークである基本業務と経済を安定させるために行う金融政策の2つの面から、その概要を見ていきたいと思います。

本章の目標

1. 日本銀行の基本的な業務を知る。
2. 金融政策の概要を理解する。

事前学習

⑴　日本銀行（日銀）と一般の銀行の違いについて、具体的に３つ調べて書き出してみてください。
⑵　日本銀行は何のために金融政策を行っているのでしょうか？　その目的について、まとめてください。

ワーク 1

　　事前学習で調べた内容をグループで共有したうえで、グループの意見をまとめてください。

11 1 日銀の仕事①
──金融機関のための銀行業務

　私たちは銀行に行けば口座を作ることができます。では、日本銀行（日銀）に行って口座を作ろうとした場合、それは可能でしょうか？　答えはノーです。日本銀行には個人や企業は口座を作ることはできません。では、誰が日銀に口座を作れるのでしょうか？　日銀に口座を作ることができるのは金融機関です。銀行や証券会社といった金融機関が日銀に口座をもつことができ、その口座は一般的に**日銀当座預金**と呼ばれています。

　日銀当座預金は銀行にとってのお財布であり、日銀は銀行のお財布係を担当しているということになります。金融機関がどれくらいの金額を日銀に預金しているかというと、大手銀行（都市銀行）が約165兆円、地方銀行が約

51兆円、証券会社が約10兆円、となっています（日本銀行ホームページ、2020年7月末残高）。私たちには想像もつかないほどの大金ですよね。日本政府の1年間の国家予算（一般会計予算）がおよそ100兆円ですから、大手銀行が日銀にもつ預金残高はそれより多いことになります。

　では、この日銀当座預金は何に使うのでしょうか？　私たちが普段銀行に預金するのは、盗難を防ぐ目的や利殖目的、口座振替などの支払いの目的等が主な動機です。金融機関が日銀に口座をもつ理由は、第1に銀行券をこの口座から引き出すためです。私たちは銀行やコンビニのATMから現金を引き出すことができますよね。私たちは日々この銀行券、すなわち現金を目にしているわけですが、この現金はどこからやってきたのでしょうか。その答えこそが日銀当座預金ということになります。銀行は顧客の求めに応じて窓口やATMを通じて現金を払い戻します。したがって、銀行はそのための現金の在庫をもっておく必要があります。銀行は在庫としての現金が必要になった場合、自身が日銀にもつ当座預金口座から現金を引き出して、それを現金輸送車で運んでくるのです。なので、もし銀行の日銀当座預金の残高がゼロになるようなことがあったら大変です。私たちは窓口やATMから現金を引き出せなくなってしまうのです。銀行は顧客の現金の払い戻しに備えて、常に一定の日銀当座預金残高を維持しなくてはなりません。

　ところで、紙幣すなわち銀行券を発行できるのは日本銀行だけです。政府は硬貨を発行しますが、銀行券を発行する権限はもっていないので注意してください。日銀だけが独占的に銀行券を世の中に送り出すことができるのです。これを具体的にいえば、一般の銀行が日銀当座預金口座から引き出して、日銀が用意する銀行券を在庫として確保し、それを私たちがATMなどを通じて手にすることで、世の中に現金が流通するようになるのです。

　金融機関が日銀に口座をもつ理由の2つ目は、銀行自身による各種の資金の受け入れや支払いのためです。実は銀行同士や銀行と日本銀行との間で日々、資金のやりとりが行われています。たとえば、日銀当座預金の残高が心もとなくなってきた場合には、他の銀行から借りることができます（コール市場）。また、日本銀行から資金を借りることもできます。このような場合の資金の受け払いでは、銀行券のような紙幣をわざわざ運ぶようなことはせず、日銀当座預金口座上の残高データを変えて終わりです。私たちだって、携帯料金の支払いなどは、わざわざ現金を使わずに、口座間のお金のや

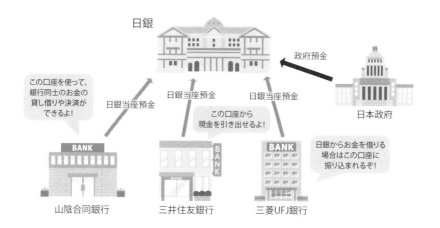

日銀

この口座を使って、銀行同士のお金の貸し借りや決済ができるよ！

日銀当座預金

日銀当座預金

日銀当座預金

政府預金

この口座から現金を引き出せるよ！

日銀からお金を借りる場合はこの口座に振り込まれるぞ！

日本政府

BANK
山陰合同銀行

BANK
三井住友銀行

BANK
三菱UFJ銀行

り取りで済ませることが多いですよね。それと同じです。銀行も各種の資金のやりとりに日銀当座預金口座を使うのです。

　日銀を含めた銀行間の資金のやりとりだけでなく、私たち一般個人が送金する場合でも銀行の日銀当座預金が使われます。もし送金先の口座が同じ銀行内である場合には当人同士の口座の残高データを付け替えるだけで済みます。しかし、送金先の口座が送金者とは異なる銀行にある場合、当人たちの受払いだけではなく、銀行同士の決済も必要になり、その資金の受払いが日銀当座預金の付け替えで行われるのです。このように、個人や企業といった銀行の顧客の行動の結果としても日銀当座預金の金額は変動することになります。

11　2　日銀の仕事②
──政府のための銀行業務

　実は、日銀に口座をもてるのは金融機関だけではありません。政府も日銀に口座をもっています。政府のお財布係も日銀の仕事ということになります。私たちが支払った消費税などの税金がどこで保管されているのか気になったことはありませんか？　その答えは、日銀の中にある**政府預金口座**ということになります。日銀が政府のお財布係である以上、税金などの政府の歳入や年金の支払い・政府の公共事業などの歳出はすべてこの口座を通して行われています。

11 3 日銀の仕事③ ──金融政策を通じた物価安定

　日銀の役割の1つは、金融政策を通じて、**物価を安定させ**、結果的に経済そのものを安定させることにあります。これは政府の仕事ではなく中央銀行である日銀の仕事です。

　今現在、日本は物価が安定している国と言えるでしょう。おそらく、今の大学生は「物価が上がって大変」と感じたことはほとんどないと思います。しかし、世界を広く見渡せば、途上国を中心に物価が安定していない国は枚挙にいとまがありません。また、かつて日本も1970年代の狂乱物価の時代のように、激しいインフレを経験しました。

　言うまでもなく、物価が安定しているかどうかは私たちの生活にとって非常に重要です。私たちが安定した生活を送ることができるのも、物価が安定しているからといっても過言ではありません。たとえば、毎年、物価が20％も上昇していくようなインフレ経済を想像してみてください。アルバイトで必死に学費や生活費を稼いでも、1年間で物価が2割も上がるせいで貯蓄ができず生活に余裕が出てこない。車を買おうと思って1年間必死でお金を貯めても、インフレのせいで車の価格が2割も上がってしまい、購入を断念せざるをえない。2割程度ならまだよいほうです。より物価上昇が激しい数万パーセントもの**ハイパーインフレーション**のようなケースだと、稼いだお金の価値がみるみる落ちていくわけですから、誰もお金を信用しなくなり、物々交換が主流になってしまいます。2019年現在、南米の産油国ベネズエラは経済が破たんしていることで、このような状況に陥っています。

　また、逆のケースもあります。物価が下落する**デフレーション**です。デフレーション下では景気は良くないことが多いですから、ボーナスや給料を減らされるだけでなく、場合によってはリストラされることもあるかもしれません。今の日本経済は明確なデフレとまでは言えないものの、物価が低すぎる状態が長引いています。それゆえに、本格的な景気回復ができず足踏みをしている状況です。以上のことから、物価がゆるやかに上昇する程度のほどよい水準で安定しているということは、そこで生活する人々にとって、とても大切なことなのです。

　先ほどの例のように、大きくインフレが進んでいるような場合は、日銀は

第11章　日本銀行は何をしているの？

物価を下げることに全力を傾けます。

　逆に、デフレが進行し景気が悪化している場合は、日銀は物価と景気を無理のない範囲で引き上げようとします。こうやって、日銀は、物価、そして景気をコントロールし、私たちが安定した生活を送ることができるように日々努力をしているのです。なお、近年の日銀はゆるやかに物価を引き上げて景気を良くしようと行動しており、具体的には「消費者物価の前年比2％上昇」を目標として金融政策を行っています。

　　次にあげる仕事のうち、日銀が行うものとそうではないものを分類してください。
　　①紙幣の発行
　　②硬貨の発行
　　③個人の預金の管理
　　④企業の預金の管理
　　⑤政府の預金の管理
　　⑥金融機関の預金の管理
　　⑦企業の投資を促すための経済政策の立案
　　⑧金利のコントロール
　　⑨増税と減税
　　⑩国債の発行

11　4　日銀はどうやって物価や景気をコントロールしているの？

　次に、日銀がどのようにして物価や景気をコントロールしているのかについて見ていきましょう。カギを握っているのは企業です。企業は日常的に投資活動を行っています。たとえば、新しくお店を出店する、新規で工場を建設する、効率よく生産するために新しい設備を導入する、ビジネスを拡大するためにより多くの従業員を雇用する、などです。このように企業活動全体が活発になれば、売上が増大、従業員の賃金も上がるので、それが経済全体

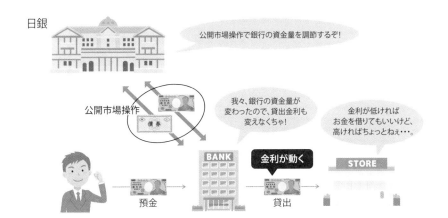

日銀

公開市場操作で銀行の資金量を調節するぞ！

公開市場操作

債券

我々、銀行の資金量が
変わったので、貸出金利も
変えなくちゃ！

金利が低ければ
お金を借りてもいいけど、
高ければちょっとねぇ…。

BANK

金利が動く

STORE

預金

貸出

に波及していき、景気が良くなり物価も上がっていくでしょう。逆に、企業
の投資が少なくなれば、景気は抑制され物価上昇が抑えられることになりま
す。ここからわかることは、日銀が物価や景気をコントロールしたいのであ
れば、企業の投資行動をコントロールできればよい、ということです。

　企業が投資を行うには当然、資金が必要になってきますが、それはどこか
ら入手するのでしょうか。もちろん、企業自身が保有している資金を使うこ
とができれば最もよいでしょう。しかし、大企業といえども大規模な投資を
行う場合は、自前の資金だけでは難しい場合が多いです。このような場合
は、前章で学んだように、銀行から借り入れたり、債券を発行して資金を借
り入れたりする必要があります。

　この時に企業が資金を借り入れて投資を行うかどうかを判断する材料は何
かというと、それは「金利」です。資金を借り入れる際には金利が発生しま
すが、企業にとってみれば金利が低ければ負担は減りますし、金利が高けれ
ば負担は増えます。したがって、当然、金利が低ければ資金を借り入れて投
資を行おうと考える企業が増えることになります。逆に、金利が高ければ資
金を借りてまで投資を行おうと考える企業は少なくなるはずです。少しずつ
見えてきましたね。つまり、日銀が物価と景気をコントロールするには、企
業がお金を借りる際の金利をコントロールしてあげればよいことになりま
す。

　では、日銀は企業の借入金利をどうコントロールするのでしょうか？　こ
のために、日銀は銀行に対して**公開市場操作（オープン・マーケット・オペ**

レーション、通称：オペ）を行います。公開市場操作とは、日銀が銀行と国債の売買を行うことです。銀行は運用のために国債を一定程度保有しています。この国債を日銀が銀行から買い取ることを**買いオペ**と言います。逆に、日銀が銀行に国債を売ることを**売りオペ**と言います。

　なぜこれが金利のコントロールにつながるかというと、それは銀行の資金量（日銀当座預金残高）が減ったり増えたりするからです。買いオペの場合、日銀が銀行から国債を買い取るので、その分の資金が日銀当座預金口座に振り込まれます。このようにして、銀行業界全体の資金量（日銀当座預金残高）が増えると、銀行が企業に貸し出すことが可能な資金量が増えるわけですから、資金の希少価値が低下して金利は下がることになります。

　逆に、売りオペのケースでは、日銀が銀行に国債を売るので、銀行はその購入代金を日銀に支払う必要があり、銀行の日銀当座預金口座の残高が減ります。こうなると、銀行が企業に貸し出すための資金量が減るので、資金の希少価値が上昇して金利は上がります。

　このことは一般の商品の価格決定における需要と供給の関係と基本的には同じです。たとえば、ある商品が市場に少なく、消費者の需要が強い場合はその商品の価格は上がりますよね。それと同じで、銀行が扱う商品はモノではなくお金ですから、その量が減れば金利は上がることになります。こうして、日銀は公開市場操作を通じて、銀行の資金量（日銀当座預金口座）を調節して、銀行が企業に貸し出す際の金利をコントロールできるわけです。そして、最終的に、企業の投資行動に変化を与え、物価と景気をコントロールするというわけです。

　買いオペを通じて物価と景気を上昇させようとする金融政策のスタンスを一般的に**金融緩和**と呼びます。逆に、売りオペを通じて物価と景気の過熱を抑え込もうとする場合を**金融引き締め**と言います。今の日本経済はバブル崩壊以降、物価と景気が弱い状態が30年近く続いているため、基本的には金融緩和を続けています。以上のことからわかるように、日銀は金融政策を通じて、私たちからは普段見えないところで私たちのために仕事をしています。私たちが安定した生活を送ることができているのは、すべてではないにせよ、日銀の努力が大きいのです。

　実は、現在の日銀は、長年続けている金融緩和がなかなか効かないために、より踏み込んだ新たな金融政策を展開しています。これを**非伝統的金融**

政策と呼んでいます。こちらも勉強したいところですが、このあたりのことは金融系の専門科目や専門書に譲りたいと思います。興味がわいてきた方はぜひ、発展課題①に挑戦してみてください。

ワーク3

　これから、日銀の金融政策のシミュレーションをしてみます。

　みなさんは、日銀の総裁として仕事をしています。次の4つの経済状態それぞれについて、どのような金融政策を実施すべきか、個人で考え、グループで共有し、グループの意見をまとめてください。その際、具体的には、金利をどうするのか、つまり「金融緩和」か「金融引き締め」なのかを考えて、なぜそのような決断を下したのか、日銀総裁として国民に説明してください。

　①物価上昇が激しく、この1年で物価が20％（インフレ率）も上昇している。いわゆるインフレ状態である。景気も過熱気味で、経済成長率は10％を超えている。このまま放置すると、逆に物価の上昇から人々の消費が落ち込む危険性が出てきた。

　②リーマンショック級の経済危機が勃発。景気が激しく後退し、経済成長率は－5％を記録する危機的な状況である。その余波で物価も下落し続けており、物価はこの1年で10％も下落している。いわゆるデフレ状態である。このまま放置すると、企業や銀行の倒産が相次ぎ、人々が職を失う危険性が高い。

　③経済が比較的安定しており、経済成長率は3％程度である。インフレ率は2％であり、企業や国民に大きな影響を与えるほどではない。

　④石油価格が急上昇して物価が急騰している。石油価格が高騰したことで、あらゆるモノの価格が引き上がり、インフレ率は15％に達している。しかし、その一方で、石油価格の高騰が原因で人々は消費を抑え、企業は投資を控えた結果、景気は急速に冷え込んでいる。これにより経済成長率は－3％を記録している。

　実は、日銀と政府は微妙な関係にあります。つまり、日銀は政府の純粋な機関ではなく、建前上、政府から独立した存在です。要は、政府は日銀の政策決定に口を出してはいけない決まりになっているのです。これを**日銀の独立性**と言います。日銀は民間の企業ではないはずなのに、不思議ではありませんか？　これには明確な理由があります。つまり、日銀が政府の一機関である場合、困った問題が起きる可能性があるのです。どんな問題が起きると考えられますか？　その理由について個人で考え、グループで共有し、グループの意見をまとめてください。

（個人ワーク）

　2001年以降、日銀が行っている非伝統的な金融政策がどのようなものか、調べて整理してください。次に、この政策が伝統的な金融政策とのような点で異なっているのか、調べて整理してください。

（グループワーク）

　日本銀行の金融政策の最終判断を下す日本銀行総裁という職業について考えてみましょう。この仕事を遂行するためにはどのような資質やスキルが必要だと思いますか？　また、金融政策の判断を下すにはどのような点に注意すべきだと思いますか？　調べて整理してみてください。

これからの学習

　第10章と第11章は金融論と呼ばれる分野の基礎になります。また、本章の後半に登場した金融政策は、次章で学ぶ財政政策と並んでマクロ経済学でも重要な位置を占めています。これらの章の学習では、市場メ

カニズムやGDPの決定の仕組みなど、これまでの知識が応用されていることに気づかれたと思います。つまり、土台のうえに応用があるということです。こうした「積み木の積み上げ」にぜひ慣れてください。

　関連する講義科目は、金融論、ミクロ経済学、マクロ経済学、証券投資論などです。また、章末に掲げた文献なども読みましょう。

 読んでみよう！

第10章・第11章に関連する参考書は以下の通りです。

① 　日本経済新聞社編『金融入門（第3版）』日経文庫、2020年。

② 　島村髙嘉・中島真志『金融読本（第31版）』東洋経済新報社、2020年。

 調べてみよう！

日本銀行ウェブサイト　業態別の日銀当座預金残高

　https://www.boj.or.jp/statistics/boj/other/cabs/index.htm/

第12章
政府って
何をしているの？

　私たちは商品を購入する場合、スーパーやコンビニなどのお店に行き、商品とその代金であるお金を交換して商品を購入します。このように、商品の購入では商品の受け取りと代金の支払いが明確な対応関係になっています。ところが、政府が提供するサービスはその対価としてお金を支払うことがほとんどありません。住民票を受け取るときに手数料を支払ったり、病院で医療費の自己負担分を支払ったりする場合はありますが、これらは政府から受けるサービスのほんの一部です。私たちは、治安を守ってくれる警察に利用料を支払いませんし、義務教育の公立小学校に授業料を支払いませんし、一般の道路を通っても利用料を払うことはありません。

　政府が提供するサービスの多くは、私たちが納めた税金を財源として提供されています。納税者として税金を支払う実感に乏しいと、政府が提供するサービスはタダのように感じるかもしれませんが、政府の支出はタダではなく、税金により支払われているのです。

　この章では政府の役割とその財源や財政の現状などを見ていきましょう。

本章の目標

1. 政府支出には、必ず負担（税金・社会保険料など）がともなうことを理解する。
2. 政府の3つの役割を説明できるようになる。
3. 国の財政の現状を理解する。

事前学習

　図12.1を見てください。この図は、身近な社会保険・保育・教育などのサービスについて、私たちが人生（ライフサイクル）を通して政府から受け取る金額と、それらのサービスの利用料および税や社会保険料として負担する金額が示されています。上に向かって伸びているグラフが政府から受け取る金額を示し、下に向かって伸びているグラフが負担する金額を示しています。給付は幼少期から大学生までの就労前と高齢期に大きく、またこれらの財源を負担しているのが、学校を卒業してから退職するまでの現役世代です。

図12.1　ライフサイクルでみた政府からの給付と負担のイメージ（社会保険・保育・教育など）

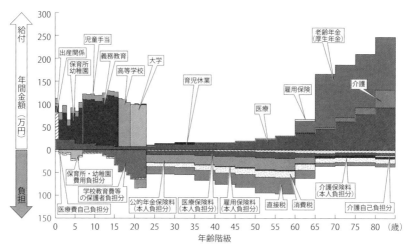

（注）　平成28年度のデータに基づいている。
（出所）　財務省財政制度分科会『社会保障について（参考資料）（平成31年4月23日開催）』13頁。

それでは、図12.1を参考にしながら(1)～(3)に取り組んでみましょう。

(1)　1～6の公共サービスがそれぞれ国民1人当たりいくらになるか予想し、金額を記入してください。

1.　公立学校に通う児童生徒の教育費（児童生徒1人当たり） 　　①小学校（　　）万円、②中学校（　　）万円、③高等学校（　　）万円
2.　医療費（国民1人当たり） 　　①64歳以下（　　）万円、②65～74歳（　　）万円、③75歳以上（　　）万円
3.　道路や堤防の整備（国民1人当たり）　　　　　　　　（　　）万円
4.　町をきれいにするゴミ・清掃（国民1人当たり）　　（　　）万円
5.　犯罪から守り・治安を維持する（国民1人当たり）　（　　）万円
6.　火事から守る（国民1人当たり）　　　　　　　　　（　　）万円

（出所）　財務省『日本の財政を考えよう（財政学習教材）』2020年7月、2頁。

(2)　1～9の質問について（増やす、維持する、減らす）のうちの1つを選び、○を付けたうえで、○を付けた解答の点数を合計してください。

		増やす （1点）	維持する （0点）	減らす （−1点）
1	世帯平均で約23万円給付されている年金給付額を、			
2	医療費のうち医療保険から7割が給付され、3割が自己負担です。医療保険からの給付分を、			
3	治安を考えて、警察への支出を、			
4	生活の利便性を考えて、公立の図書館、体育館、スポーツセンターを建設するための支出を、			
5	道路や上下水道などのライフラインへの政府支出を、			
6	小・中・高校の教育費に対する政府の支援を、			
7	大学の教育費（授業料など）に対する政府の支援を、			
8	地方を活性化するために、地方自治体への国の支出を、			
9	途上国の経済発展を支援するために、日本の支援を、			
合計				

(3)　上記(2)でプラスになる場合は、租税や社会保険料の負担を増やす、もしくは他の支出を減らす、のどちらかによって、財源を捻出しなければなりません。そこで、どちらの方法で財源を捻出するのかをあらためて考えたうえで、もう一度、上記(2)を検討してください。

そのうえで、①（プラス・ゼロ・マイナス）になった理由を、1～9の質問と関連させるなど、具体的に記述してください。また、②（プラス・ゼロ・マイナス）による歳入面への影響を、財源捻出の方法なども含めて具体的に記述してください。

(1) 事前学習(1)と(2)についてグループで共有してください。
(2) 事前学習(3)についてグループで共有したうえで、意見交換し、自分の意見と他のメンバーとの共通点・相違点をまとめてください。

12 1 政府の3つの役割

　一般的に、政府は3つの役割を担っているといわれます。第1は、市場がうまく機能しない場合にその障害を小さくしたり、取り除いたりする「**市場の失敗の是正**」です。第2は、経済活動から取り残される人たちを助ける「**所得の再分配**」です。第3は、景気の波を小さくする「**景気の安定化**」です。日本のように、民間部門だけでなく、公共部門も一定の役割を担っている経済体制を**混合経済**と言います（このことは第3章でも学習しました）。以下では、この3つの役割を見ましょう。

(1) 政府の役割その①——市場の失敗の是正

　第3章3-2節「市場の失敗とその原因」では、市場の失敗の4つのケースとして、①**外部不経済**、②**公共財**、③**独占・寡占**、④**情報の非対称性**を学びました。ここではあらためて説明しないので、必要に応じて第3章を参照してください。

　市場メカニズムがうまく働かない市場の失敗のケースでは、政府が（市場に介入して）それらを是正することになります。**外部不経済**に対しては、課税や直接的な規制で対応します。たとえば、「地球温暖化対策のための税」（いわゆる**環境税**）は、温暖化の原因である石油燃料等の市場価格を課税に

より高めることで、その消費を抑制しようとします。また、たばこの場合も、たばこ税を増税して価格を引き上げ喫煙を抑制することで、本人の健康はもちろん、受動喫煙という外部不経済を減らしてもいます。なお、1箱540円のたばこには、たばこ税284.88円と消費税49.09円が含まれているのです。民間の企業には任せられない**公共財**の供給を担うのも政府です。政府は強制的に国民から税金を徴収し（足りなければ公債を発行し）て集めた財政資金を使って公共財を提供します。**独占・寡占**に対しては、独占禁止法の下で企業の独占的行為が監視され、必要な場合は摘発のうえ指導をしたり罰則を科したりします。**情報の非対称性**に対しては、情報公開の徹底や罰則を含む法的規制の強化によって対応します。

(2) 政府の役割その②──所得の再分配

　私たちの多くは、職を得て賃金を稼ぎ、その賃金から財・サービスを購入して消費することで生活しています。この賃金は仕事の内容やその人の職務能力などによって異なり、高い人もいれば、ほどほどの人、そして生活苦を強いられるほどに低い人もいます。

　また、世の中には、親から莫大な遺産を受け継ぐ人、親から譲り受けた芸術やスポーツの才能を開花させる人、努力に偶然が重なって大きな経済的成功を手にする人がいる一方で、一所懸命に働いていたにもかかわらず不況によって勤めていた会社が倒産して失業してしまう人、病気やけがなどの不運が重なって仕事ができなくなってしまう人、さらには退職後（老後）の生活に大きな不安を抱えている人もいるでしょう。

　第3章3-3節で学んだように、市場メカニズムには所得の平等をもたらす保証はありません。所得は個人の能力の差を反映したものであると考えれば、**所得の不平等**あるいは格差は拡大していくかもしれません。そこで、政府は**所得の再分配**を行います。その代表例は、**累進的な税制**と社会保険や社会福祉といった**社会保障制度**です。

　累進的な税制の代表例としては、**所得税**があげられます。日本の現在の所得税の税率は、5％、10％、20％、23％、33％、40％、45％の7段階であり、所得の高い人がより多くの税を負担するような仕組みになっています。コラム「累進的な税制とは？」では、個人所得税における累進性を説明しています。

累進的な税制とは？

　表12.1を見てください。夫婦と子が1人いる3人家族が負担する個人所得税の金額が、給与収入500万円、700万円、1,000万円について示されています。日本では、給与収入500万円の人は所得税を24.5万円負担します。700万円では50.1万、1,000万円では118.2万円負担します。

表12.1　給与収入500万円、700万円、1,000万円の個人所得税負担（2020年1月）

（単位：万円）

給与収入	日本	アメリカ	イギリス	ドイツ	フランス
500	24.5	11.6	61.2	38.7	47.6
	(1.0)	(1.0)	(1.0)	(1.0)	(1.0)
700	50.1	47.5	101.2	88.1	82.4
	(2.0)	(4.1)	(1.7)	(2.3)	(1.7)
1,000	118.2	102.1	188.5	173.8	157.2
	(4.8)	(8.8)	(3.1)	(4.5)	(3.3)

（注）　（　）の中は給与収入500万円の所得税額を1とした場合の個人所得税負担を示す。
（出所）　各国の個人所得税負担は財務省ホームページ（https://www.mof.go.jp/tax_policy/summary/income/ 028.pdf）を参考（2021年1月13日閲覧）。

　給与収入について500万円を基準にして1にすると、700万円はその約1.4倍、1,000万円は2.0倍になります。それでは、個人所得税の負担額も同じ割合で増えるのでしょうか。個人所得税負担について、給与収入500万円の24.5万円を基準にして1にすると、700万円では約2.0倍、1,000万円では約4.8倍になります（これらは（　）内の数字で示しています）。つまり、給与収入は1倍、1.4倍、2.0倍で増えますが、それぞれの個人所得税負担額は1倍、2.0倍、4.8倍で増えます。給与収入が500万円、700万円、1,000万円と増える以上に個人所得税負担は増えます。これが累進的な所得税の特徴です。

　また表12.1では、アメリカ、イギリス、ドイツ、フランスの個人所得税負担も示しています。ここから、他の国でも累進性が備わっていることがわかります。アメリカは給与収入500万円の個人所得税負担が著しく軽いので700万円と1,000万円での累進度が高く、反対に、イギリ

ス、フランスは給与収入500万円の個人所得税負担が重いので700万円と1,000万円での累進度が低くなっています。また個人所得税負担はアメリカが他のどの国よりも低いことがわかります。

社会福祉の代表例は、日本国憲法の第25条の生存権を具体化した**生活保護制度**です。所得がない場合や著しく低い場合は、最低限の生活を維持できるように生活保護費が給付されます。ただし、生活保護費の受給は生活維持のための最後の手段です。この最後の手段に頼る前に、多くの人々が直面する不確実性への備えとして各種の**社会保険**があります。たとえば、失業したら**雇用保険**、病気になったら**医療保険**、加齢により退職したら**年金保険**、介護が必要になったら**介護保険**を利用します。あらかじめ**社会保険料**（税金とは別です）を負担し、失業したり、病気になったりした場合に給付を受け取ることになります。なお、**児童手当**、**公営住宅**なども、広い意味では社会福祉の一環です。

(3)　政府の役割その③——景気の安定化

第5章で学んだ**GDPを需要（支出）面から見た式**は、**GDP＝消費＋投資＋政府支出＋純輸出**でした。第5章の表5.5でも示したように、2019年の名目GDP561兆円のうち政府支出（140兆円）はおよそ25％を占めています。GDPの水準を決定するうえで政府の存在が大きいことがわかります。

次に、図12.2を見てください。消費、投資、政府支出、純輸出（輸出－輸入）がそれぞれどれだけGDP成長率に貢献したかを示しています。ここでは**政府支出**に注目します。

2009年をみましょう。2009年はリーマンショック（2008年）の影響から世界的な規模で景気が後退しました。2009年に政府支出の増加がなければ、実質GDPで前年比6％超の減少となりました。しかし、政府が積極的に支出を行ったので、その6％超のうち1％程度は政府支出で相殺され、GDPの減少は5％超にとどまりました。当時の日本のGDPが年間500兆円だとすれば、政府支出によって5兆円を失わずに済んだことになります。この5兆円で、たくさんの人の雇用が守られました。

ここから、政府が景気を安定させる（好況と不況の波を小さくする）役割の重要性が見えてきます。**不況期**には失業率が上昇します。もし家族の主た

図12.2　実質GDP成長率と需要項目別寄与度（図5.3の再掲）

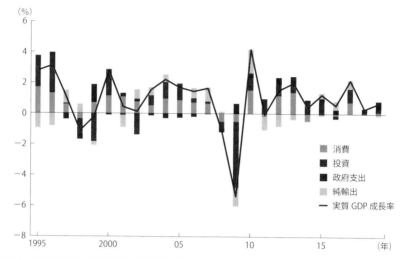

（出所）内閣府経済社会総合研究所、国民経済計算（GDP統計）。

る働き手が失業すれば、その家族は大きな経済的ダメージを受けます。住宅ローンが払えなくなって自宅を手放したり、大学の授業料を払えずに休学あるいは退学してしまったり、生活が立ちゆかなくなったりしたら大変です。1997年と1998年の不況時の2年間で、自殺者が2万4,391人から3万2,863人へと急増しました。この時に問題視されたのが成人男性の自殺者が増えたことです。また、2008年の年の瀬には「派遣村」という形でホームレスの増加が大きな社会問題となりました。このように社会問題として表面化するものだけでなく、経済不況時には個々の家族に悲劇があることを忘れないでください。

　また、**資源の活用**という点から見ると、**失業者**や**稼働していない工場**の存在は社会の中にある貴重な資源を無駄にしていることを意味します。これらを有効活用するには、工場を稼働させて、失業者を仕事に就けるようにする必要があります。そのため、不況期には政府支出を追加して景気の落ち込みを防ぎます。逆に景気が過熱しすぎてインフレーションが過度に進行するような**好況期**の場面では、特に生活必需品の価格の高騰は私たちの生活には大きな打撃ですので、政府支出を抑制し、景気の過熱を防ぎます。

ワーク
2

　政府の３つの役割について、政府が行う理由をそれぞれについて考え、まとめてください。

12 2 国の一般会計予算

　政府には、主として３つの役割があることを学習しました。政府はこうした役割を果たすためにお金を必要とします。**予算**は、政府が活動するための１年間の収入と支出の見積もりを示したものです。政府には、①**中央政府**である国、②**地方政府**である都道府県と市町村があります（広い意味では、さらに、社会保険等の事業に関わる社会保障基金や公的企業も含まれます）が、ここでは、中央政府である国の最も基本的な予算にあたる一般会計予算を見ていきます。

　2019年度の国の一般会計予算（当初）について、歳出から説明しましょう。図12.3（a）の歳出予算を見てください。予算総額は101.5兆円です。その中身は大きく３つに分けられます。第１は**一般歳出**（62.0兆円）、第２は**国債費**（23.5兆円）、第３は**地方交付税交付金等**（16.0兆円）です。一般歳出とは、歳出総額から地方交付税交付金等と国債費を除いた部分を指します。つまり、一般歳出は、国が社会保障、公共事業、教育などの政策を実施するために支出する部分になります。

　一般歳出の中の**社会保障**34.1兆円（33.6％）、**公共事業**6.9兆円（6.8％）、**文教及び科学振興**5.6兆円（5.5％）を合計すると、歳出総額の45.9％を占めます。政府は、国民の生活が向上するように教育の機会を提供し、生活が便利になるように公共事業を行い、社会保障によって所得再分配を行うのです。

　次に、一般会計予算の歳入について説明しましょう。図12.3（b）の歳入予算を見てください。歳入総額は歳出と同じ101.5兆円です。その中身は大きく３つにわけられます。第１は**租税及び印紙収入**62.5兆円（61.6％）、第２

図12.3　2019年度　国の一般会計予算（当初）

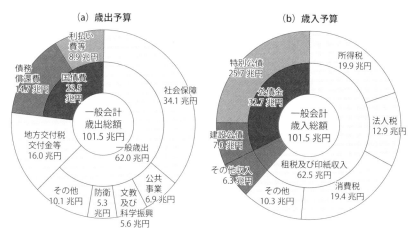

（出所）　財務省『日本の財政関係資料』2019年10月。

は**公債金**（国債による借入）32.7兆円（32.2％）、第3はその他収入6.3兆円
（6.2％）です。

　租税及び印紙収入の内訳を見ると、**所得税**が19.9兆円、**法人税**が12.9兆
円、**消費税**が19.4兆円であり、この3つが租税及び印紙収入62.5兆円の8割
強を占めます。所得税・法人税・消費税は国の税金の中で主要な役割を担っ
ているため、**基幹税**と呼びます。

　政府は租税を徴収して歳出予算をまかないますが、租税だけでは歳出予算
に足りない場合はどうするのでしょうか。歳出予算を削るか、租税を引き上
げるか、お金を借りることになります。たいていの場合、政府は**国債**を発行
してお金を借ります。それが公債金です。つまり、公債金は借金によって調
達した資金を意味します。

12 3 国の財政の現状

　それでは、国の財政の特徴を2つ説明しましょう。第1は、一般会計にお
ける歳出構造の変化です。第2は、毎年の財政赤字が累積し、巨額の債務が
存在していることです。

(1) 一般会計における歳出構造の変化

先の図12.3で示したように、2019年度の一般会計では**社会保障**への支出が最も高くなっています。これは、高齢社会で世界のトップを走る日本を象徴するものです。図12.4で示すように、かつては社会資本（道路、橋、港、鉄道など）が不十分であったので、最大の支出は**公共事業**でした。公共事業は1965年度には19.5％であり、その後もしばらくの間は二桁台をキープしましたが、2005年度には9.0％へと減少し、2015年度には6.2％になり、2019年度には6.8％になります。反対に、社会保障費は1965年度には14.7％でしたが、1975年度以降は18〜19％で推移し、2005年度には24.1％と支出の4分の1を占めるようになり、2015年度には32.7％、2019年度は33.6％と支出の3分の1を占めるに至ります。日本の人口に占める高齢者の割合はこれからも高まるので、社会保障費は間違いなく増え続けていくでしょう。

それでは、社会保障に費やす日本全体の総額はいくらになると思いますか。社会保障に費やす日本全体の総額は**社会保障給付費**と呼ばれ、図12.5の左側の棒グラフで示されています。社会保障給付費は、2019年度に123.7兆円でした。この内訳は、年金56.9兆円、医療39.6兆円、介護・福祉・その他27.2兆円（うち介護11.6兆円）です。

この社会保障給付費をまかなうための財源は、図12.5の右側の棒グラフで示されています。**社会保険料**が71.5兆円、国や地方政府の財政資金による公

図12.4　一般会計における歳出構造の変化

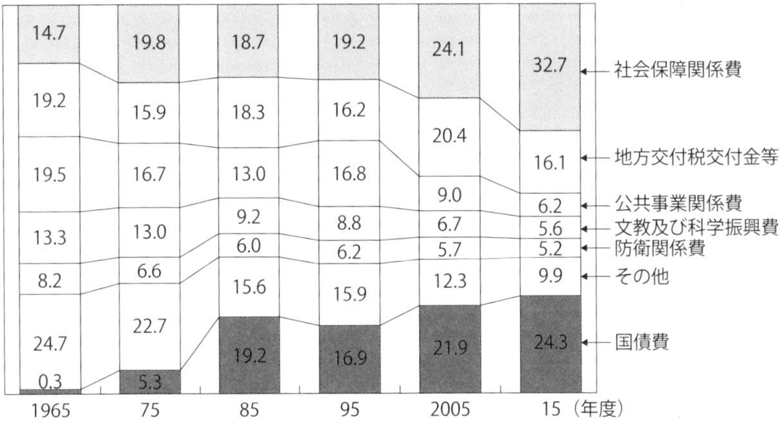

（出所）　財務省財政制度分科会『提出資料（平成27年9月30日）』より引用。

図12.5　社会保障給付費と社会保障財源（2019年度）

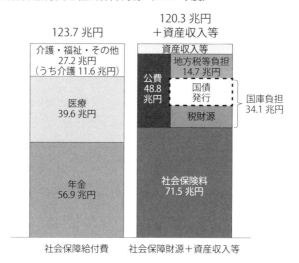

（出所）　財務省『日本の財政関係資料』2019年10月。

費が48.8兆円であり、残りは資産収入等です。私たちが支払う社会保険料は、社会保障給付費の約6割をまかなう程度です。国庫負担（34.1兆円）は図12.3(a)の社会保障に該当する部分です。ここから、国の一般会計の社会保障費は、社会保障給付費の一部にすぎないことがわかります。

　図12.5からは、みなさんが年金、医療、介護などの社会保険だけでなく、子どもに関わる保育や児童手当への支出を増やしたいなら、つまり社会保障給付費を増やすことを期待するなら、財源である社会保険料や税金の負担を増やさなければならないことがよくわかります。

(2)　累積債務の存在

　次に、国の財政のもう1つの特徴と言える巨額の**累積債務**について説明しましょう。

　図12.6は、公債（国債）残高の推移を示しています。この図から、1990年代以降、公債残高が急激に増加したことがわかります。バブル崩壊により景気が大きく後退したため、国は景気回復や景気の下支えのために、借金をして財政支出を増やしました。またその後も、歳出と税収のギャップが年々大きくなる中で、本来は増税が望ましいと認識されつつも、景気を冷え込ませ

図12.6　公債（国債）残高の推移

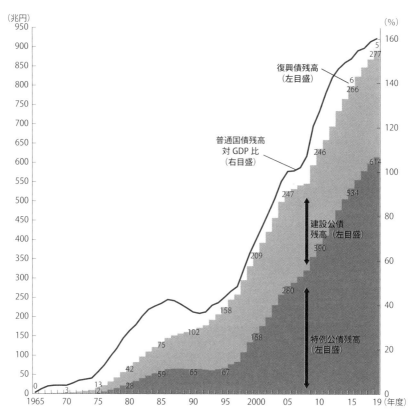

（出所）　財務省『日本の財政関係資料』2019年10月。

てはならないことから増税を見送ってきました。そうこうしているうちに、公債残高がここまで増えてしまったのです。

　また、思わぬ不運もありました。景気が回復し、デフレから脱出しかかった矢先、2008年にアメリカのリーマンショックに端を発する世界同時不況が起こりました。深刻な不況への対応として、日本だけでなく、世界各国で財政支出を増やして景気の下支えをし、早期の景気回復が試みられ、またもや公債が増えることになってしまったのです。

　しかし、現在のように歳出の３割強を借入に頼る手法は持続可能ではありません。日本政府は、財政赤字への依存を改善し、赤字財政から脱却して財政の健全性を取り戻すために、基礎的財政収支の黒字化を１つの目標として

掲げています。基礎的財政収支はプライマリーバランスといわれるものであり、その黒字化の意味を簡潔に説明すると、新規の借入よりも債務の返済を大きくして債務が少しずつ減る状態を作り、財政の健全性を取り戻すことです。国は2020年度までに基礎的財政収支を黒字化しようとしましたが、景気が思うように好転しないので、その実現が難しくなりました。そこで達成時期を少し延期して、**2025年度までに基礎的財政収支を黒字化**しようとしています。

なお、OECD（経済協力開発機構）は2019年4月に、日本が財政赤字への依存から脱却し、財政を健全化するために、消費税率を20〜26％へと大幅に引き上げることを提言しました。消費税率は2019年10月に10％に引き上げられたばかりですが、財政健全化のためには、よりいっそうの引き上げが必要になるのかもしれません。

ところで、みなさんは、巨額の累積債務やそれにともなって税負担が増えると予想して、将来を悲観するかもしれません。しかしながら、累積債務は将来の悲観だけを物語るわけではなく、将来への希望をもたらす材料でもあります。

自民党・安倍政権（2012〜2020年）は2016年の第5期科学技術基本計画で、世界に先駆けた「超スマート社会」として「Society 5.0」を構想しました。これは、ICT、ビッグデータ、自動運転、人工衛星のGPSなどの最先端の技術を使って、次世代の社会を実現しようという取り組みです。そのイメージを伝えるために、内閣府は動画も用意しています（次世代の社会像が描かれているので視聴しても面白いです）。

こうした次世代の社会の構想も、日本に道路、橋、電気、情報網などの社会的インフラが整っているからできるのです。こうした社会的インフラも、巨額の累積債務の一部を使って建設・整備されたものです。

累積債務は確かに巨額ですが、その一部は、将来を構想する希望につながっています。整備された社会的インフラを最大限活用して、豊かな国、暮らしやすい国を実現できるように、みなさんが活躍できるようになるといいですね。

それではワーク3に取り組み、今日の授業内容を確認してください。

政府の政策──「Society 5.0」の例

　「Society 5.0」とは、日本が目指す未来社会の姿として、自民党・安倍政権が第5期科学技術基本計画（平成28〜平成32年度）で提唱したものです。政府の説明を引用すると、「Society 5.0で実現する社会は、IoT（Internet of Things）で全ての人とモノがつながり、様々な知識や情報が共有され、今までにない新たな価値を生み出すことで、これらの課題や困難を克服します。また、人工知能（AI）により、必要な情報が必要な時に提供されるようになり、ロボットや自動走行車などの技術で、少子高齢化、地方の過疎化、貧富の格差などの課題が克服されます。社会変革（イノベーション）を通じて、これまでの閉塞感を打破し、希望の持てる社会、世代を超えて互いに尊重し合える社会、一人一人が快適で活躍できる社会となります」と説明されています。

　こうした社会を実現するために、文部科学省では「新たな社会で、共通して求められる力は何なのか、社会を牽引していくためにどのような人材が必要か等について」議論し、それに基づいて、「Society 5.0」を実現する人材像として報告書『Society 5.0に向けた人材育成〜社会が変わる、学びが変わる〜』を作成しています。また、総務省では、市町村や都道府県に「Society 5.0」を支える革新的な技術の導入を促すために、「Society 5.0時代の地方」により事例紹介を行っています。

　このように、政府はこれから社会が向かう社会像を描き、それを実現するために技術や環境を整備し、人材を育成する政策を実施します。なお、民間企業にも一連の政策への参加を促す場合には、特定の活動を要件とする政府補助金を設けたり、同じような要件で税法上の優遇措置を与えたりすることがあります。

　商品を購入する場合は商品とお金を交換しますが、政府が提供するサービスは、商品の取引のようにお金（利用料）と交換することがほとんどありません。なぜ私たちは政府のサービスをお金と交換することがないのでしょうか。

　これを考えるために、以下の(1)、(2)、(3)を個人で行い、その意見をグループで共有してください。そのうえで(4)を行い、グループの意見をまとめてください。

(1)　政府の3つの役割のうち「市場の失敗の是正」、「所得の再分配」に関連して、政府が提供するサービスを2つずつ（合計で4つ）記述してください。そして、政府はそうしたサービスを何のために提供するのか、理由を書いてください。

(2)　(1)で記述した4つの中から2つのサービスをとりあげて、それらを個人で購入する場合を想像し、個人で購入できるか、購入できないかを考えてください。また、あなたがそう考えた理由も記述してください。

(3)　(2)でとりあげた2つのサービスを税金で負担する場合には、個人で購入する(2)の場合とどのように違うのか、あなたの考えを書いてください［個人で払うか、税金で払うかの違いというのは単純すぎる答えなので、ダメですよ］。

(4)　(2)と(3)のグループでの共有に基づいて意見交換し、次の2つについてグループの意見をまとめてください。①政府が提供するサービスはなぜ個人で購入することに適さないのか。②政府が提供するサービスはなぜ税金で負担するのか。

　ワーク3を考えてもらうヒントを少し述べましょう。政府が提供するサービスは、主に2つの理由から、商品の取引のようにお金と交換することがなく、税金によりまかなわれます。すなわち、政府のサービスは、①多くの人たちが便益を受けるため個人の便益を特定できなかったり、②収入が低い人がより多く利用したりするので、受け取ったサービスに応じた対価を求めることができないからです。そのため、政府支出は、コラム「累進的な税制とは？」で確認したように、収入の多い人がより多くを負担する累進構造を備

えた税金によりまかなわれる工夫がなされています。このように政府の支出と収入を理解すると、日頃から意識することはありませんが、政府の財政を通して住民の間で助け合いが行われていることがわかるでしょう。

 発展課題

税金について考えましょう。

(1) あなたが内閣総理大臣になり、巨額の累積債務を減らすために増税すると仮定します。あなたは税金の負担の引き上げを、国民にどのように説明しますか?

(2) 今度は、あなたが野党の党首だとします。内閣が提案する税金の負担の引き上げに、賛成しますか、それとも反対しますか。その理由を説明してください。

これからの学習

この章は、専門的には財政学、地方財政論、社会保障論、公共経済学と呼ばれる分野への入門的な内容になっています。財政の問題を深く理解するには、ミクロ経済学やマクロ経済学の初歩的な知識だけでなく、日本経済論、日本経済史、西洋経済史、社会思想史についての知識も必要になり、日本経済の動向にも目を配る必要があります。

 読んでみよう!

① 神野直彦『財政のしくみがわかる本』岩波ジュニア新書、2007年。

② 渋谷博史『21世紀日本の福祉国家財政(第2版)』学文社、2014年。

③ 沼尾波子・池上岳彦・木村佳弘・高端正幸『地方財政を学ぶ』有斐閣ブックス、2017年。

④ 持田信樹『日本の財政と社会保障』東洋経済新報社、2019年。

第13章
世界とのつながりから
日本経済を見てみよう!

　今日の日本経済は当然のことながら１国だけでは完結しません。私たちはさまざまな形で世界経済とつながっています。とりわけ、経済のグローバル化という現象が大きく進展している中で、近年では外国との経済的な関わりが大変大きくなっています。そこで、本章では、貿易、為替レート、企業の海外進出の３つの視点から、日本経済と外国経済との結びつきを見ていきたいと思います。

本章の目標

1. 外国貿易で商品の輸出や輸入が行われる理由を知る。
2. 為替市場について理解する。
3. 円安・円高が日本経済に与える影響を把握する。
4. 日本の企業が海外進出して生産拠点を移してきた背景を知る。

事前学習

(1) 日本経済は、今は1国だけでは完結しません。多くの点で世界の国々と協力しながら回っているのです。そこで、具体的にどのような点で、日本経済が世界とつながっているのか、3つ考えて書き出してみてください。

(2) 実はiPhoneは、1つの国の中だけで生産されているわけではありません。複数の国が関与しながら作られています。そこで、どうやってiPhoneが作られているのか、具体的に調べてみてください。iPhoneの設計・部品製造・完成品への組み立てを行っている国や企業をそれぞれ調べてみてください。

(3) もし、あなたが外国で何らかのビジネスをするとしたら、それは何ですか？ そして、どの国でビジネスを行いますか？ 理由を明確にしたうえで、書き出してみてください。

(4) ワーク4の内容を読み、理解してきてください。

ワーク 1

(1) 事前学習の(1)、(2)について、答えをグループで確認してみましょう。
(2) 事前学習の(3)について、グループ内で発表しましょう。友達のビジネスの魅力的な点や問題点などについて意見を出し合ってください。

13 1 日本経済と貿易

　日本経済は戦後の高度経済成長の過程で、輸出拡大を目指す経済政策の下に外貨を獲得する輸出産業を育成し、その成果として巨額の貿易黒字に支えられた「貿易立国」の道を歩んできたと言われています。図13.1に、財務省が発表している貿易統計のグラフを掲げました。これは貿易収支と呼ばれるもので、対外的な経済取引を集計した国際収支統計の中でも最も基本となる統計です。「**輸出額－輸入額＝貿易収支**」となります。貿易収支が黒字である場合は、輸入よりも輸出が多い状態を示します。逆に輸出よりも輸入が多い状態は貿易赤字ということになります。

　これによると1980年代から日本経済は貿易黒字となってきた、つまり、輸出の拡大により、輸出額が輸入額を大きく上回ってきたことがわかります。ただし、近年ではこの貿易黒字が減少傾向にありますが、このあたりは後ほど説明します。

図13.1　日本の貿易収支

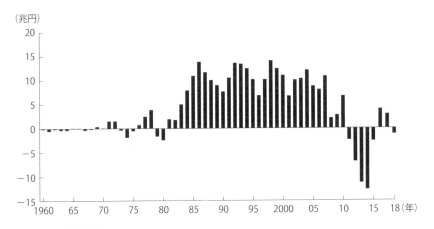

（出所）　財務省貿易統計。

第13章　世界とのつながりから日本経済を見てみよう！

185

13 2 輸出入が行われる理由

　そもそもなぜ貿易取引が行われるのでしょうか。難しそうに聞こえますが、その本質はとてもシンプルです。要は「誰とビジネスをするのか」の対象が、国内の企業や消費者ではなく国外の企業・消費者だというだけです。たとえば、日本のコンビニがチョコレートを国内のメーカーから仕入れる場合は貿易ではありません。しかし、日本のコンビニが外国のメーカーからチョコレートを仕入れる場合は貿易になります。要は、ビジネスとして成立すれば外国の企業と取引を行う、というだけのことなのです。

　では、なぜ外国の企業と取引を行うのでしょうか。外国にモノを売る、「輸出」について考えてみましょう。なぜ輸出を行うのかというと、2つのケースが考えられます。1つは外国に売ったほうがより大きな利益が見込めるという積極的な動機です。もう1つは、国内で製品を販売しようとしても、需要が小さく、あまり売れないため外国に活路を求めるような動機です。特に、GDPや経済成長率が高い国は豊かであったり、豊かになりつつあるので、ビジネスチャンスが大きいといえます。このような国の企業と取引しようと思うのは当然のことですよね。

　次に、輸入についても2つのケースから考えてみましょう。最も基本的な動機は、国内では手に入らないものを外国から購入するケースです。たとえば、日本では石油が典型的です。国内では石油はほとんど生産されません。私たちが自動車に乗るためには、サウジアラビアなどの外国から石油を輸入するしかないのです。2つ目は、外国から購入したほうが、より安価な場合です。先ほども述べたように、中国などのアジアの国々から多くの衣類を輸入しているのは、そのほうが安価で手に入るからです。日本よりも労働者の賃金が低い国で生産したもののほうが安価になるのは当然ですよね。このおかげで、私たちはファストファッションで安くてオシャレな洋服を買うことができるのです。

13　3　貿易障壁と関税

　貿易の本質は外国の企業と商品の売買を行う、というだけのものでした。しかし、国内でビジネスを行うのと違って、やっかいな問題が1つあります。それは**貿易障壁**と呼ばれる、貿易を制限するような壁が存在することです。この壁の存在によって、国内で商品の売買を行うようにスムーズにはいかないことが多いのです。その壁の代表的なものが**関税**です。これは政府が主に輸入企業から徴収する税金です。つまり、企業が外国から商品を輸入する場合、商品ごとに設定されている税率に従って、政府に税金を納めなければならないのです。しかし、関税は他の税金と違って政府の歳入を確保することが主目的ではありません。主目的はあくまで貿易障壁を作ることなのです。

　なぜ、これが壁になるかというと、輸入企業は税金を支払わなければならない分の負担を穴埋めする必要があるので、輸入品の国内での販売価格を上げざるをえなくなるからです。販売価格が上がるとどうなるでしょうか？当然、売れ行きが悪くなりますよね。このようにして、外国の商品の価格面での優位性を落とすことが関税の役割ということになります。

　それでは、なぜ、このような貿易障壁を築く必要があるのでしょうか？それは、安価な外国の商品を排除して、国内の商品を保護するためです。たとえば、みなさんは200円の国内産のシャープペンシルと100円の外国産のシャープペンシルであれば、どちらを買いますか？　多くの人が100円の外国産を買うはずです。こうなると、国内でシャープペンシルを生産している企業は苦しい状況になります。売上が落ちれば、最悪、従業員をリストラしなければならなくなるでしょう。つまり端的に言えば、外国の安価な製品のせいで国内の労働者が痛い目を見るということです。このような状況から国内の企業や雇用を守るために、関税のような貿易障壁が必要になるのです。近年では、アメリカのトランプ大統領が中国の製品に対して高い関税をかけたことが話題になりました。これは、中国の安価な製品のために苦しむアメリカ国内の企業や労働者を守ることが目的なのです。

　ただし、貿易障壁を減らして自由に貿易できるということは、基本的には双方の国に利益をもたらすという点に注意してください。多くの企業が外国

に販路を広げられることや外国から良い商品を輸入できるからです。しかし、自由貿易の結果、そこに敗者が生まれるのも事実なのです。このような敗者を見捨てることはできませんよね。

このように、政府が関税のような貿易障壁を利用して貿易をコントロールすることを通商政策と呼びます。したがって、外国との貿易取引は、**通商政策**の行方次第で大きな影響を受ける可能性があり、この点が国内でのビジネスと大きく異なる点です。

13 4 自由貿易と保護貿易

近年、よく聞く言葉として**グローバリゼーション**があります。これは、簡単に言えば、先ほど勉強したような貿易障壁を可能な限り少なくして、世界レベルで自由に貿易を行おうとするものです。

確かに自由貿易体制下では、商品の売買を通じて外国の企業と自由にビジネスができるので、メリットは大きいと言えます。実際、日本は外国に多くの製品を輸出して、輸出主導の経済成長を実現してきました。今の日本経済があるのは**自由貿易**のおかげともいえます。しかし、その一方で、敗者を生み出すのも自由貿易なのです。その敗者というのは、先ほども述べたように安価な外国製品に敗れた国内の企業や労働者たちです。そして、このような国内の企業や労働者を守るために貿易障壁を強めるという**保護貿易**の考え方が出てくるのです。安価な外国製品はそれを買う一般の消費者には恩恵があることは事実ですが、その裏側には敗者が存在するということも忘れてはいけません。

このような事情があるために、一概に自由貿易が良いと言えるわけではなく、逆に保護貿易が正しいというわけでもありません。その時々の時代背景や経済状況によって、自由貿易と保護貿易の間で揺れてきたというのが現実なのです。

第2次世界大戦後に成立した**GATT（関税と貿易に関する一般協定）体制**と、それを継承した現在の**WTO（世界貿易機関）体制**のもとで、貿易の自由化は大きく進展してきました。現在は、いわゆるグローバリゼーションの時代です。今でも世界レベルで関税などの貿易障壁を減らす努力を続けてい

ます。とはいえ、貿易交渉は簡単ではありません。なぜなら、相手国の貿易障壁を減らしてもらうためには、自国の貿易障壁もゆるめる必要があるからです。自国だけが甘い汁をすすることはできません。自国に有利な条件を受け入れてもらうには、相手国にとって有利な条件（自国にとって不利な条件）を認めるしかないのです。たとえば、日本の場合では、攻めるのは製造業で守るのは農業です。自動車などの製品を有利に輸出したい一方で、外国産の安価な農産物の流入を防いで国内の農業を守りたいのです。逆にアメリカなどは日本に農産物を輸出したいので、農産物の関税を減らすように交渉してくるのです。

13 5 為替相場（為替レート）とは

　為替相場（為替レート） というのは、**相異なる2通貨の交換比率**、あるいは**自国通貨を特定の外国通貨**と比べたときの相対的価値のことです。為替相場は円とドルであれば、「1ドル＝何円」という形で表示されます。みなさんも、ニュースで報道されているのを見たことがあるはずです。

　たとえば、アメリカに旅行に行く場合を考えてみてください。アメリカでは日本の円は使えませんから、空港やホテルでアメリカの通貨であるドルを手に入れる必要があります。このときに円をドルに交換しますが、いくらのドルと交換できるかは、そのときの為替相場で変わってきます。たとえば、「1ドル＝100円」のときに1万円をドルに交換すると、100ドルを手にすることができます。「1ドル＝200円」のときに1万円をドルに交換すると、50ドルを手にすることができます。どちらのほうがお得ですか？　簡単ですね。「1ドル＝100円」の時にアメリカへ旅行に行ったほうが、レストランで豪華な食事をしたり、たくさんのお土産を買えることになります。

　もし為替相場が変化しなければ、いつアメリカに旅行に行ったとしても損をしたり得をしたりということがありません。しかし、現実には為替相場は日々動いています。したがって、旅行に行くタイミングによって、円を交換した場合に受け取ることができるドルの金額が変わってしまうのです。

13　6　円高や円安って何？

　先ほども述べたように為替相場は日々動いています。たとえば1カ月前に「1ドル＝100円」だった相場が、今日には「1ドル＝120円」になっていることもあるでしょう。逆に、1カ月前に「1ドル＝100円」だった相場が、今日は「1ドル＝80円」になっているかもしれません。

　この2つのケースは「1ドル＝100円」を基準に考えた場合、逆の方向に動いています。ということは、どっちの方向に動いたのかをひと言で表す言葉があれば便利だと思いませんか？　これを表す言葉が**円高・ドル安**や**円安・ドル高**なのです。

　「1ドル＝100円」→「1ドル＝120円」のように円の数字が増える場合は「円安・ドル高」と言います。これは円の価値が落ちてドルの価値が上がったためです。円の価値が落ちているからこそ、1ドルを手にするためにはより多くの円を支払わなくてはならないのです。

　逆に、「1ドル＝100円」→「1ドル＝80円」のように円の数字が減る場合は「円高・ドル安」と言います。これは円の価値が上がってドルの価値が落ちたためです。円の価値が上がったからこそ、1ドルを手にするためにより少ない円で済むのです。つまり同じ円でより多くのドルと交換できて、アメリカ旅行を充分に楽しむことができるのです。

　ただし、実際にこの言葉を使う場合は、ドルの動きを省略して「円高になった！」とか「円安が進んだ！」というような言い方をすることが多いです。

ワーク 2

　次の4つのケースについて、円高か円安のどちらの方向に動いたのか整理してみてください。
(1)　1年前は1ドル＝250円だったものが、本日時点で1ドル＝150円になっていた。
(2)　1年前は1ドル＝150円だったものが、本日時点で1ドル＝151円になっていた。

13 7 円高や円安が日本経済に及ぼす影響

　為替相場が海外旅行のときにしか気にする必要のないものであれば、わざ
わざニュースや新聞で毎日報道する必要はありません。毎日どころか1日の
中で何回も報道されるのは、為替相場が日本経済に対して、とても重大な影
響を及ぼすからです。中でも最も重要な影響の1つは、貿易に対する影響で
す。つまり、為替相場次第で、輸出や輸入が有利になったり不利になったり
するのです。具体的には、輸出にとって円安は有利になり、円高は不利にな
ります。逆に、輸入にとっては円高が有利になり円安は不利になります。な
ぜ、こうなるのでしょうか。以下で考えてみましょう。

　まずは輸出から見ていきましょう。まず、前提として知っておいてほしい
のは、国際的なビジネスである貿易は多くの場合、アメリカの通貨であるド
ルを使用するということです。たとえば、日本の自動車メーカーがアメリカ
の輸入業者と自動車の販売契約を結ぶ場合（輸出）、「1台当たり2万ドル」
といったようにドルで契約します。アメリカの輸入業者からの代金の支払い
も当然、ドルで行われます。ところが、日本人や日本の企業は当然のことな
がら、最終的な損益を円で考えるはずです。ということは、日本の自動車
メーカーは受け取ったドルを円に交換して、最終的にいくら利益が出たのか
を計算することになります。このときに為替相場が大きな影響を及ぼすこと
になります。「1ドル＝120円」の円安の場合、自動車1台当たり240万円の
売上になります。逆に、「1ドル＝80円」の円高の場合、1台当たり160万
円の売上になります。日本の自動車メーカーにとってどちらのケースが良い
か一目瞭然かと思います。円安の場合のほうが最終的な円での売上が大きく
なるのです。円安と円高のケースでは1台当たり80万円も売上が変わること
になります。結果、輸出にとって円安のほうが有利ということがわかるかと
思います。

輸入の場合は、すべてが逆になります。たとえば、日本の衣料用品店がアメリカからTシャツを輸入する場合を考えてみましょう。「1着当たり100ドル」で契約した場合、日本の衣料用品店は支払いのために100ドルを用意しなければなりません。「1ドル＝120円」の円安の場合、100ドルを手に入れるのに1万2,000円を用意する必要があります。逆に、「1ドル＝80円」の円高の場合、100ドルを手に入れるのに8,000円で済みます。したがって、日本の輸入業者にとって、円高のほうが有利なのがわかると思います。

　以上のことから、為替相場は輸出企業と輸入企業で逆の影響を及ぼします。自動車メーカーのような輸出中心の企業は円安のほうが売上が増す一方で、百貨店のような輸入品を多く扱う企業は円高のほうが仕入れコストが小さくなるのです。だからこそ、企業の仕入れ担当者や財務担当者などの国際的なビジネスに関わる人は、つねに為替相場を気にしながら、契約するタイミングなどを考えなければならないのです。このように、為替相場は日本の経済活動に対してきわめて大きな影響を及ぼしています。

13 8 円高の歴史と輸出産業の苦境

　為替相場が動いた場合に日本経済にとても大きな影響を及ぼすことがわかったところで、これまでの日本の経済が、為替相場とどう向き合ってきたのかを簡単に見てみましょう（図13.2）。

　図を見ていただけると一目瞭然ですね。つまり、戦後から今に続く日本経済と為替相場の関係はひと言で言うと**円高の歴史**だということです。日本は高度成長期を通じて、多くの製品を海外に輸出して成長してきました。いわゆる輸出立国です。かつての円安の時代は日本の輸出にとって大変有利な状況にあったのです。ところが、近年、円高が進んできたことにより、日本の輸出は大変厳しい状況になり、今では中国や韓国、台湾といったライバルの台頭も相まって、かつてのような輸出の拡大が期待できなくなってしまいました。実際、図13.1を見てみるとわかるように、近年の貿易黒字は減少傾向であり、貿易赤字を計上することも珍しくなくなってきました。

　その一方で、円高が進んだおかげで海外旅行に安価で行けるようになったり、海外からの輸入品を安く買えるようになったりといった恩恵があること

図13.2　円・ドルの為替相場（名目）

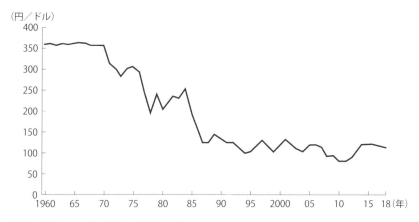

（出所）　IMF, International Financial Statistics.

も忘れてはいけません。とはいえ、円高が日本の製造業を中心とする輸出産業に対して大きな苦境をもたらしてきたのは事実であり、日本経済全体では輸出主導で成長することを目指した輸出立国の地位が揺らいでいると言えるでしょう。

13　9　日本企業が海外進出する理由

　このような状況の中、日本の企業の海外戦略は形を変えていきました。つまり、貿易を軸とする輸出戦略から、海外に子会社や支店などを設立することで直接進出するというやり方です。この背景には、成長著しい海外での現地ビジネスの拡大や、良質で安価な労働力を確保して生産コストを下げるといった要因がありますが、先ほども述べたような円高の影響も無視できません。つまり、円高によって輸出が不利になるのであれば、海外拠点での生産・販売に切り替えて、為替相場の影響を受けないようにしようという試みです。

　たとえば、1980年代の円高の進行に対する大企業の対応策の１つとして、まず輸出先であった欧米諸国へ生産拠点を移していきました。さらに1990年代以降になると、現地での安価な労働力の確保を目指して東アジア諸国で現

地生産を拡大し、今世紀に入ると東南アジア、西アジアへと生産拠点を拡大しています。ちなみに、近年の日本の企業の海外進出先は圧倒的にアジアで、2017年度で全体の66.5％を占めています。そのうち、中国と東南アジア諸国（ASEAN10）だけで57％と、過半を占めています（経済産業省「海外事業活動基本調査」2018年）。今や東アジアや東南アジア地域は日本経済にとって最も重要なビジネスパートナーであると言えるでしょう。

13 10 変わる日本企業の海外生産動機

　21世紀以降、中国をはじめとして進出先の途上国でも中間層の所得水準が向上し、アジアはしだいに**世界の工場**から**世界の消費基地**へと大きく変貌を遂げています。つまり、これまでは労働者の賃金が安く生産コストが低いという理由から単なる生産拠点としての意味しかなかったアジア途上国ですが、経済成長にともなって豊かになった現地の人々を対象とするビジネスが重要視されるようになってきたということです。中国の人々のように豊かになれば、より多くの製品やサービスを買ってくれるわけですから、日本企業としては当然、大きなビジネスチャンスになるわけです。たとえば、世界的な自動車メーカーであるトヨタ自動車は、中国市場への本格的進出を決断しましたが、それは現地で生産して日本やその他の先進国に輸出するのではなく、現地の人々に販売するためです。

　日本の製造業の売上高全体のうち海外での売上高の比率は2008年度に17％だったものが2017年度には25.4％まで拡大しています（製造業現地法人の海外生産比率：経済産業省「海外事業活動基本調査」2018年）。つまり、今の日本経済にとって海外ビジネスの重要性がどんどん増しているということです。とりわけアジアは政治ではいろいろと対立することが多い地域ではありますが、経済的な結びつきはどんどん強まってきています。今後、日本がこのような地域とどう付き合っていくべきかについて、私たちはよくよく考えてみる必要があるでしょう。

　最後に、2020年に広がった新型コロナウイルスについても考えてみる必要があるでしょう。これまで、経済は大きくグローバル化してきました。しかし、今後、コロナ禍によってこの考え方が変わる可能性もあります。コロナ

禍の新たな経済システムを考えるとき、グローバル化は必ずしも正解とならない可能性もあるのです。今後の世界経済と日本の経済がどのような展開をたどるのか、ぜひ注目してみましょう。

ワーク3

　これから為替レートが変化すると、どういう影響があるのかについて、シミュレーションしてみます。まず、各グループで話し合って、次の4つから担当者を決めて、その役割になりきってください。(a) アメリカ旅行に行きたいと考えている個人、(b) 自動車を海外に輸出している自動車会社、(c) 海外から家具を輸入して国内で販売している家具の小売業者、(d) 海外のネット配信事業者と契約を結んで作品を売っているアニメ制作会社。

　それぞれの担当者は自分にとって有利になったのか不利になったのかを発表して、その理由を述べてください。その際、単に「円安になったから、円高になったから」という説明では不十分です。円安や円高になったことによって、具体的に自分にどういう金銭的な影響があるのかを説明するようにしてください。

　①　為替レートが半年前は「1ドル＝100円」だったのに、その時期に比べて今日の時点で「1ドル＝130円」の円安になった。

　②　為替レートが半年前は「1ドル＝100円」だったのに、その時期に比べて今日の時点で「1ドル＝80円」の円高になった。

ワーク4　（宿題として事前に読んでくることをおすすめします）

　これから、関税政策に関するシミュレーションをしてみます。テキストでは通商政策について簡単に書きましたが、実際の貿易交渉はとても複雑で難しいものです。まさしく、言うは易く行うは難し、です。このワークのポイントは、それをみなさんに体感してもらうことです。それぞれの役割を体感した後に、その役割の難しいところ、気をつけなければならない点を個人で考えてから、グループで共有し、グループの意見をまとめてください。

〈グループワークの設定〉

　まず、各グループ（4人）で、司会進行役、日本政府、企業（自動車会社）、農家（コメ農家）の4つに役割を分担してください。3人の場合は日本政府の担当者が司会を兼ねてください。2人の場合は、日本政府と農家の交渉だけを体験してください。

〈関税の状況〉
・日本がアメリカ産のコメにかける関税：300%
　（日本の企業がアメリカ産の1000円分のコメを輸入するのに3000円もの税金を払わなければならない状態→日本の企業がアメリカのコメを買うのが難しい）
・アメリカが日本のトラックにかける関税：25%
　（アメリカの企業が100万円の日本のトラックを輸入するのに25万円の税金を払わなければならない状態→アメリカの企業が日本のトラックをあまり買えない）

〈状況説明〉

　アメリカが関税について圧力をかけてきた。日本の農業、とりわけコメの関税が高すぎるという内容である。アメリカは日本にコメをたくさん輸出したいのに、関税で守られているせいで、なかなか輸出が増えないからである。これを受けて、日本政府はアメリカの意向を無視するわけにもいかず、関税をどうするか対応を考えなければならないが、国内に利害関係者が多数いるため、考えなしに決めるわけにはいかない。それぞれの利害関係者とよく話し合いながら、可能な限り、すべての関係者が納得するような決定を下す必要がある。

　しかし、悪いことばかりではない。日本の農業（コメ）の関税を下げるのであれば、当然、見返りを要求できるからである。その見返りとは、日本にとっての重要な輸出品である自動車の関税の引き下げをアメリカに要求することである。ここで、政府は悩ましい問題に直面する。アメリカの要求通りに農業関税を下げれば、アメリカ産の安価なコメが流入し農家は打撃を受けるが、見返りとして自動車の輸出が増えて企業が潤うことになる。逆に、農家を優先して関税を高いままにしておけば、アメリカが怒って日本の自動車に対する関税を引き上げるかもしれない。

〈ワークの最終目標〉

　日本政府が農家と企業と交渉しながらアメリカに提案する関税の修正案を作ることが、このワークの目標となります。司会進行役は手順をよく把握した上で、議論を進めてください。

〈進め方〉

　日本政府、企業（自動車会社）、農家（コメ農家）、の３人は話し合いを行ってアメリカに提案するコメの関税とトラックの関税の修正案を決めてください。

　　　ポイント：政府は農家と交渉しコメの関税の引き下げを納得してもらう

　　　　　　　：企業は政府に見返りとしてのトラック関税の引き下げ交渉を依頼する

　　　注意点：企業と農家を担当する人は自分たちの利益がかかっているのだから、安易に妥協してはいけません。日本政府の人は、対立する意見を調整して、落としどころを見つけてください。ただしバランスは大事です。アメリカが納得できるように、農業関税の引き下げ幅に応じて、トラック関税の引き下げ要求の幅を考えてください。

〈ヒント〉

　日本政府にとって、コメの関税の引き下げを農家に納得してもらうことが最初で最も難しい部分です。およそ何パーセント程度の引き下げなら納得できるかを農家と交渉します。このとき、自動車業界はアメリカの自動車関税をどの程度引き下げてもらいたいのかを具体的に日本政府に要求します。この３者が納得し、なおかつアメリカ政府も納得すると思われるような落としどころを見つけることが大切です。

発展課題❶

（個人ワーク）

　事前学習の(2)でiPhoneの生産が、複数の国と企業が関与しながら行われていることを調べてもらいました。ここでは一歩踏み込んで、なぜわざわざ複数の国の企業が関与する必要があるのか考えてみましょう。

(グループワーク)

　ワーク２の発展課題です。これまでは、為替レートが動いた場合、円で見たときに利益が増えたり減ったりしていたことを学びました。しかし、現実には企業は別の戦略をとることもできます。それは、契約段階でのドルでの価格自体を変えるケースです。では、実際に検討してみましょう。

　鉛筆１本を２ドルの契約で輸出するケースで、「１ドル＝100円」の為替レートが「１ドル＝200円」の円安になったとしましょう。この場合、円での利益は200円から400円に増えますね。

　しかし、現実の企業は別の戦略として、鉛筆の契約価格を１ドルに引き下げることもあります。せっかくの円安なのにドル価格を下げてしまえば、１本当たりの円での利益は増えないことになります。なぜこんなことをするのでしょうか？　これには理由があります。調べて整理してください。

これからの学習

　この章は、世界経済の中で日本経済が占める位置がどう変わって来たのかを理解する最初の一歩となることを意図しています。これだけで国際経済や世界経済の理解に必要な基礎知識が習得できるわけではありません。特に現代経済はグローバル化のまっただ中にあって、日本経済が今後どんな針路をとったらよいかを考える学習は、日本経済と世界経済の双方向からの接近が有益でしょう。国際経済学、アジア経済論、アメリカ経済論、EU経済論、開発経済学、国際金融論などの関連する講義を活用して、理解を深めてください。章末に掲げた文献なども積極的に読みましょう。

読んでみよう！

① 宮崎勇・田谷禎三『世界経済図説（第 4 版）』岩波新書、2020年。

② 山本和人・鳥谷一生編著『世界経済論——岐路に立つグローバリゼーション』ミネルヴァ書房、2019年。

 調べてみよう！

財務省貿易統計　年別輸出入総額の推移

　　https://www.customs.go.jp/toukei/suii/html/nenbet.htm

第14章
歴史からも
経済は学べるの？

　前章までの内容の中で、日本経済の流れについて多方面から明らかにしてきました。第1章では、「経済」とは何かについて、消費、生産という2つの活動を経済循環の図を用いながら理解しました。第2章では、需要と供給を調和させる働き、市場メカニズムについて理解しました。第3章では市場経済の長所と短所について学びました。市場の失敗の事例についてもとりあげましたね。第4章では経済の大きさを測る指標としてのGDP（国内総生産）について学び、第5章ではGDPの大きさを決める要因について需要面と供給面の双方から学びました。第6章では、企業とは何かについて、株式会社を中心に明らかにしました。第7章では、企業の財政状態や経営成績の情報を示す会計について学びました。第8章では、雇われて働くこと、すなわち雇用労働を市場経済の仕組みから理解し、第9章では日本的雇用慣行や近年の雇用・働き方の変化について学びました。第10章では貨幣、そして金融の仕組みについて学び、第11章では中央銀行である日本銀行の業務について具体的に学びました。さらに、第12章では政府の活動・役割について学び、第13章では近年の日本経済と外国経済の結びつきについて学びました。

　このように、本書では日本経済の仕組み、そして「今」について多方面から学んできました。しかしながら、「今」が存在するためには必ずその「過去」があります。「過去」の積み重ねの上に「今」があるのです。現在の日本経済の状況を理解し、将来を見通すためには、日本経済が歩んできた歴史を知ることが大切です。そこで、本章では現代からひとつ時代をさかのぼらせて、今からおよそ150年前、近代のはじまりから日本経済の歴史について振り返り、それに基づきながら日本経済の今後について考えていくことにしましょう。

1. 第13章までの各章を振り返り、日本の経済に関する基礎知識のおさらいをする。
2. 戦前の日本経済、戦後の日本経済についての大まかな歴史を理解する。
3. 歴史的な視野に立って、現在の日本経済や今後あるべき姿について考えてみる。

事前学習

　1960年、1974年、1988年、1992年、2008年、2018年の6時点での日本の経済成長率（実質GDP成長率）について調べ（検索のヒント：「内閣府のサイト」、「長期経済統計」、「国民経済計算」）、その数値に関連すると思われる経済的な出来事について調べ、当時の日本の経済状況について簡潔に説明してください。

ワーク 1

（1）　事前学習で調べてきたことについてグループで共有してください。
（2）　グループで、日本経済の状態として1番良いと思われる年を事前学習で調べた中から1つ決めて、その理由を説明してください。

14 1 日本経済の150年を振り返る

　まずは、明治時代初期、1870年以降の1人当たり実質GDPを示した図14.1をみてください。1870年から現在までのあいだに、私たちの生活水準の指標である1人当たり実質GDPはおよそ30倍になったことがわかります。しかし、この著しい経済発展は同じペースで進んだわけではありません。グラフを見てもわかるように、1945年までの戦前期においてはゆるやかに上昇

図14.1　約150年間の1人当たり実質GDPの推移

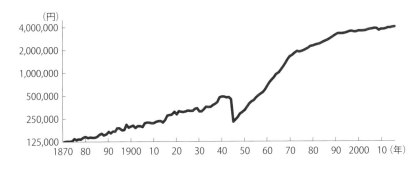

（出所）　Maddison Project Database, version 2020に基づき作成。

したのに対して、戦争直後に下落し、戦後期、とりわけ1955年以降、実質
GDPは急激な上昇を遂げているということがわかります。明治期から近代化
をスタートさせた日本では、戦前期を通じて工業化の過程をたどり、経済発
展の基礎を築きました。確かにこの時期における経済成長のあり方はゆるや
かではありましたが、敗戦後、短期間のうちに大きな成長を遂げることがで
きたのは、戦前期を通じて産業化が進み、経済・経営資源の基盤がつくられ
ていたからにほかなりません。したがって、戦前における日本経済の動向に
ついて看過することはできないのです。

　このことを頭に入れたうえで、本章では、戦前から現在までの日本経済の
歩みを振り返ってみましょう。

14　2　近代日本の成立と日本経済（1868〜1945年）

(1)　明治初期の日本経済

　1868年に江戸幕府に代わって明治新政府が成立すると、新政府はさまざま
な新しい政治、経済の仕組みを構築しました。江戸時代に長く続いた幕藩体
制を廃して中央集権的な国造りを目指していったことは、1つの大きな特色
としてあげられます。まず1869年に版籍奉還が行われ、版（土地）と籍（人
民）が朝廷に返還され、つづく1871年には廃藩置県が実施されました。これ
により、土地と人民は明治政府の管理のもとに置かれることとなり、261藩

は3府72県に再編されました。そしてその後、1873年から大規模な地租改正事業が開始されます。この結果、国家の重要な財源となる税収の、全国統一的なシステムが構築され、中央集権的な仕組みが出来上がっていくことになりました。

　また、欧米諸国に後れる形で近代化をスタートさせた日本では、「殖産興業」「富国強兵」をスローガンとした国づくりを目指し、政府が主導して近代化を促進します。1870年に創設された工部省は、官業主義をかかげて鉄道、鉱山、電信などの事業に積極的に乗り出します。お雇い外国人と呼ばれる外国人技術者たちが官営事業を中心に活躍したのもこの時期のことでした。ただし、このような官業中心の近代化も長くは続かず、民業を中心とする近代化路線にシフトすることになります。それを主導したのは、岩倉使節団の一員として欧米を訪問した、大久保利通でした。このようにして、1870年代半ば以降には、民間の手により産業の開拓が進められるようになり、近代的な経済活動の萌芽段階をむかえます。そして、1880年代後半から始まる本格的な企業勃興に先立ち、その前提となる金融システムの基礎をつくったのが、「松方財政」で知られる松方正義でした。松方が1881年に大蔵卿に就任すると、まず政府の不換紙幣の整理が進められ、そのうえで1882年には中央銀行としての日本銀行が設立されました。その後、官業の民間への払い下げも進み、続く企業勃興、日本の産業革命の基礎がつくられました。

(2)　日本における「産業革命」

　こうして、1880年代後半から、日本におけるはじめての本格的な企業設立ブームが起き、いわゆる「産業革命期」が到来しました。この時期の主幹産業は紡績業と鉄道業で、紡績業では1882年に設立された大阪紡績会社の成功に刺激を受け、1880年代後半には大規模な紡績企業があいついで設立されました。鉄道業では、1881年に設立された日本鉄道の成功を受け、この時期に全国的に私設鉄道の設立ブームが起きます。そのほか、輸出産業を中心に民間の産業が大きく発展するのもこの時期の特徴でした。

　さらに、1894年に勃発した日清戦争、1904年に勃発した日露戦争という2つの国際的な戦争とその後の戦後経営を経て、日本は一等国の仲間入りを果たします。さらに、1914年に始まった第1次世界大戦期における輸出の拡大と、国内における重工業の進展により日本は債権国へと転じました。民間

企業の発展が進み、さらに日清戦争後からはじめられた植民地進出が本格的に進んでいくことにもなりました。

(3) 戦間期から戦時期へ

このようにして1910年代後半には第1次世界大戦をきっかけに好景気にわいた日本経済ですが、1920年代に入ると一変して不況側面に転じます。1920年の恐慌に端を発し、1923年の関東大震災、1927年の金融恐慌、1930年から1931年にかけての昭和恐慌と、経済危機が幾度もかさなりました。長引く不況の状況は、それから約100年後、現在の日本の姿にも重なります。

そして実際、1931年の満州事変にはじまり1937年の日中戦争の開戦へと続き、いわゆる戦時統制経済期を迎え、第2次世界大戦、そして太平洋戦争へと突入しました。そして1945年8月15日、日本は敗戦を迎えることになるのでした。

14 3 戦後日本の経済発展 (1945〜2020年)

(1) 戦後の民主化と経済復興 (1945〜1950年代半ば)

すでに述べたように、1945年8月15日に日本は敗戦を迎えました。第2次世界大戦によって日本経済は大きな打撃を受け、空襲による被害も激しく、東京をはじめとする日本の主要都市は焼け野原と化しました。そうした悲惨な状況から戦後日本は出発したのでした。敗戦後の日本は、GHQ（連合国軍最高司令官総司令部）の占領下に置かれ、アメリカの主導のもとで3つの**民主化政策**が実行されました。それらは次の通りです。

(1) 財閥解体
   戦時経済を支えた三井・三菱など主要財閥の持株会社の解体（財閥を支配する家族が集中して保有していた株式の分散化）と主要企業の分割、財閥家族および経営者を排除し、企業間の競争を促進

(2) 農地改革
   不在地主をふくめた大規模地主の土地所有の解体、小作人に土地を安く払い下げることによる小作農の解放、自作農の増大による農業の近

代化

(3) 労働改革

「労働三法」（労働組合法、労働関係調整法、労働基準法）の制定による、労働者の権利（団結権、団体交渉権、争議権）の確立、労働者の規定の整備

　痛ましい戦争を引き起こした体制を抜本的に変えていく戦後改革が、1940年代後半という戦後間もない時期に矢継ぎ早に実施されました。一方、敗戦直後の日本の課題は、経済の復興と**インフレーション**（物価の持続的な上昇）の抑制でした。この時期の日本経済の状況については、第5章で学習した総供給と総需要を使って、「総供給＜総需要」と表すことができます。戦争で生産設備などが破壊された一方で、戦争からの解放にともなって国民の消費需要が増大したため、このような状況が生まれました。そして、世の中に出回るお金の量（**マネーサプライ**と言います）が急増したことが重なって、当時の日本は急激なインフレーションに見舞われました。

　そこで政府は総供給を増やし、生産能力を増強するための政策を打ち出します。**傾斜生産方式**という政策が1947年から実施され、資材、資金、労働力を鉄鋼、石炭に超重点的に投入し、それを契機に産業全体の拡大を図るというものでした。しかしながら、実際には期待したほどの効果が生じず、インフレーションはなかなか終息しませんでした。そこで次に実施されたのが、総需要を抑制する政策でした。GHQ経済顧問として訪日したデトロイト銀行頭取のジョゼフ・ドッジが立案・勧告したドッジ・ラインと呼ばれる政策で、税収に見合うように政府支出を抑制するとともに、お金が過度に出回らないようにしました。また、この政策の一環として、1ドル＝360円とする**固定相場制**が導入されました。

　やがてインフレは終息に向かいましたが、このドッジ・ラインの結果、日本経済は景気後退に陥りました。そうした中で、1950年に朝鮮戦争が勃発します。日本に対する軍事物資の需要が増大し、それが関連業種にも波及し、総需要が増大しました。いわゆる**朝鮮戦争特需**です。その結果、経済の状況は回復し、その後高度経済成長を迎えることになります。

(2) 高度経済成長期（1950年代半ば～1970年代半ば）

1955年から1973年までのあいだ、経済成長率は平均で9.2％であり、他の時期と比較してきわめて高い水準でした。ここで、経済成長率とは、第4章で学習したように、「(今年のGDP − 前年のGDP)/前年のGDP × 100」という計算式を使って計算され、GDPで測定された経済規模が1年前と比べてどれだけ増加したのか、あるいは減少したのかを示します。この時期は、**高度経済成長期**あるいは**高度成長期**と呼ばれています。この高度成長は、日本経済と社会、そして人々の生活様式を大きく変化させました。この時期、農村部から都市部への人口の大きな移動が起こり、都市部での人口増加は、住宅需要や耐久消費財の需要をもたらしました。「**三種の神器**」とよばれた洗濯機、冷蔵庫、（白黒）テレビ、そして「３Ｃ」とよばれた自動車、カラーテレビ、クーラーが家庭に普及したのは、まさにこの高度成長期においてのことでした。なお、政府が金利を低く規制して企業がお金を借りやすくしたことや、1ドル＝360円に固定されていたために日本製品が海外製品と比べて安定して割安で輸出に有利であったことも、経済成長を助けたと言えるでしょう。

ただし、高度成長期の特徴として、単に好景気が続いていたというわけではなく大きな景気変動（景気循環）の波があったという点も重要です。1955年から1970年代初頭までのさまざまな波のうち、最初の波の上昇部分は「神武景気」（1954～1957年）と呼ばれています。2つ目の波の上昇期は岩戸景気（1958～1961年）で、その後の小さな波（この波の上昇期は「オリンピック景気」と呼ばれます）に続く大きな波が1965年秋から1970年夏までの57カ月にも及んだ、「いざなぎ景気」です。

しかしながら、1970年代に入るとこうした高度成長の動きに陰りが見えはじめます。そして、それに追い打ちをかけるように1971年には**ニクソン・ショック**と呼ばれる、アメリカによるドルと金の交換停止が起こり、1973年には日本は先進各国とともに**変動相場制**へと移行しました。なお、変動相場制とは、為替レートを外国為替市場における外貨の需要と供給の関係、あるいは市場メカニズムによって自由に決める仕組みのことを言います。そしてさらに、1973年10月には第1次石油危機（オイルショック）が起き、原油価格の高騰と供給のひっ迫により、原油のほとんどを安定的な輸入に頼っていた日本経済は大きな打撃を受けることになりました。1974年の経済成長率

は、戦後はじめてマイナスとなったのです。日本経済は大変深刻な不況に陥りました。同時に、急激なインフレーションが起こりました。経済成長率がマイナスになる、すなわち経済活動が停滞することを「スタグネーション」と呼びますが、1974年から1975年にかけての日本経済は、インフレーションとスタグネーションが同時に発生する「スタグフレーション」を経験したのです。こうして、1950年代に始まった日本の高度経済成長は、終焉を迎えました。

(3) 安定成長からバブル経済へ（1970年代半ば〜1990年代初頭）

　高度経済成長期を終えた日本経済は、1970年代半ばから1980年代半ばまでの時期、安定成長期に入ります。この時期の経済成長率は平均3.7％程度でした。しかし、1987年から1990年にかけての株価の上昇は急激なものであり、ますます膨らむ泡のような状態になぞらえて「バブル経済」と呼ばれました。投機によって株価だけでなく不動産価格も本来あるべき価格を越えて異常に高騰しました。

　ではなぜこのような状況が生まれたのでしょうか。その要因について、ここでは次の3つのことを指摘しておきましょう。第1は、1985年のプラザ合意以降の円高不況の中で、日本銀行によって企業がお金を借りやすくする政策（金融緩和政策と言います）がとられたことです。具体的には、この当時、日本銀行が普通の銀行にお金を貸すときの金利である公定歩合が低く設定されたのです。その結果、企業の設備投資等、総需要が増加し、すぐに円高不況は克服されましたが、世の中にたくさん出回ることになった資金は不動産や株式にも向かったのでした。第2の点としては、人々が「株価や不動産価格は上がり続ける」という神話を信じたことです。第3は、銀行もこの神話を裏付けるかのように、土地等を担保にして多額の資金を貸し出しました。これらが重なることで、「バブル経済」というある種のユーフォリア（陶酔感）が生み出されたのでした。

> **コラム**
>
> ## プラザ合意とは？
>
> 　1980年代以降、アメリカが高金利政策をとっていたため、円を含む他の先進諸国の通貨に比べてドル高となっていました。そこで、日本、

アメリカ、イギリス、フランス、西ドイツの財務（大蔵）大臣と中央銀行総裁が1985年9月、ニューヨークのプラザホテルで会談し、ドル高を是正することにしました。これをプラザ合意と言います。変動相場制の下では、外国為替レートは市場メカニズムで決まってきますが、合意した政府が一致協力してドルの売り手になれば、各国の通貨単位のドルの価格は安くなります。こうして円高ドル安になったのです。実際、プラザ合意の直前の1ドル＝240円くらいから、1986年末には1ドル＝160円となりました。でも、円高は自動車などの輸出産業には不利に働きます。それで輸出が減れば、総需要が減り、経済は不況になります。そのため、プラザ合意後、円高不況になったのです。

(4) バブル崩壊から長期不況（平成不況）へ

　しかしながら、こうした状況は、そう長くは続きませんでした。バブル経済期に異常に高騰した株価は1990年には急落しました。株価に遅れる形で地価も1991年以降、急落します。「バブル（経済）の崩壊」です。きっかけは政府と日本銀行の政策転換で、株高や地価の異常な高騰を抑制するために、公定歩合を引き上げて金融を引き締める政策をとりました。これが日本経済の大きな転換点になり、それ以降、10年以上の長期にわたり日本経済は停滞を続けました。この時期を、平成不況や「**失われた10年**」と呼びます。2000年代に入り、景気はいったん回復に向かうものの、2008年のリーマンショックをきっかけに再度停滞し、「失われた10年」は「失われた20年」になりました。

　バブル経済期が華やかすぎたために、平成不況は本当に辛い時期となりました。バブル期に無理な拡大を行った企業が経営危機に陥り、1997年から1998年にかけて山一證券、日本長期信用銀行などの大手金融機関も次々と破たんしました。そして、破たんしないまでも多くの金融機関が多額の不良債権を抱えました。戦後の日本経済がこれまでにないデフレーションを経験したのもこの時期の特徴です。GDPデフレータで見ると1994年以降、消費者物価指数で見ると1998年以降、物価は下落し続けました。

　ではなぜデフレーションに陥ったのでしょうか。ここでは代表的なケースを提示しましょう。不況になればモノは売れなくなりますから、いろいろな業種で企業は生産を減らしたり、価格を下げたりするでしょう。そのような

状況の中で、企業も家計も、いろいろなモノが将来、もっと安くなると予想するようになったとします。すると、いますぐはモノを買わなくなります。このようにして、みながモノを買わないようになると、いろいろなモノが売れなくなります。売れないから、企業はさらに生産を減らそうとするし、価格を下げようとする。生産を減らすために、企業はいっそう新しい機械を買わなくなり、雇っている従業員を減らそうとしたり、給料を抑えようとしたりします。すると失業者の数も増え、給料も減り、従業員である消費者はさらにモノを買わなくなります。このような悪循環が続き、デフレーション不況が続くことになります。

それゆえ、新規卒業者が比較的容易に就職できたバブル経済期の「売り手市場」とは異なり、企業は一転して新規卒業者の採用を急速に抑制するようになりました。1992年には「就職氷河期」という言葉が創られ、皮肉にも1994年に「新語・流行語大賞」の審査員特選造語賞を受賞します。この就職氷河期に正規社員になることができなかった若者がフリーターなどの非正規労働者となっていきました。バブル経済崩壊後の平成不況は、雇用環境を大きく変化させることにもなりました。

こうしたことを背景として、日本銀行は「**ゼロ金利政策**」や「**量的緩和政策**」などの金融緩和政策を実施して、景気の回復を後押ししようとしました。2001年3月に導入された量的緩和政策は、2006年3月まで続くことになったのです。実際、このような種々の政策は功を奏し、2002年には景気は再び回復へと向かいました。

このように景気が再び上向きかけたところに起こったのが、2007年にアメリカで始まった**サブプライム・ローン問題**に端を発した、2008年の**リーマンショック**、それにともなう世界的な金融危機でした。これは「100年に一度の世界経済危機」とも呼ばれ、日本の景気は一気に下降します。翌年にはその落ち込みからの回復がみられますが、2011年には東日本大震災が発生し、2014年には5％から8％への消費税増税にともなう再度の落ち込みがみられ、その後景気の停滞は続きます。この間、2012年12月に発足した第2次安倍内閣は「**アベノミクス**」と呼ばれる経済政策を打ち出し、景気の回復を狙います。そしてそれは2015年に打ち出されたアベノミクス「第2ステージ」へとつながりますが、これも明白な景気回復効果をともなうものではありませんでした。このような中で再三の延期が行われていた消費税の8％か

ら10％への増税が2019年10月に実施されました。そして景気回復の糸口として期待されていたのが、2020年7月に実施が予定されていた東京オリンピックでしたが、2020年2月に突如として本格化した**新型コロナウイルス**の感染拡大により、2021年への延期を余儀なくされてしまいました。さらに、新型コロナウイルスの世界的な流行の拡大は世界各国の経済活動の大幅な縮小をともない、GDPの大幅な低下、失業率の上昇が世界的に起こっています。このような先が見えない状況の中、どのような方向に経済が進んでいくのか、またどのように進むべきか、新たな視点に立って考える必要が生じているといえるでしょう。

> 歴史のifを考えてみましょう。
> 戦後の3つの民主化政策を振り返り、これが実施されていなければ戦後の日本経済はどのようになっていたか、今のあなたのくらしはどうなっていたかについて、3つのうちから1つをとりあげてなるべく具体的に想像してみましょう。そのうえで、グループで話し合いましょう。

14 4 歴史から経済を学んでみよう

　では、本章のタイトルに戻って、歴史から経済を学べるかについてもう一度考えてみましょう。戦前期の日本経済のあゆみから振り返ってみると、明治期の日本ではまず欧米諸国に「追いつけ追い越せ」とする気運のなかで近代化のあゆみがスタートしました。それは、第1次世界大戦後の債権国への成長、好景気へと向かいましたが、1920年代に入ると一変、不況の時代になりました。金融恐慌や世界恐慌に見舞われ、日本経済は長引く不況に突入しました。こうした中、日清戦争後から始められた植民地経営が進み、それは結果として第2次世界大戦へと結びつくことになります。

　敗戦後は戦前の軍国主義的な体制から民主主義に基づく体制に転じ、その

後1950年代からは高度成長、安定成長、バブル経済と日本は経済大国への
みちを歩み始めます。しかし1990年代に入ると、バブル経済の崩壊をきっか
けとして日本は実に現在まで続く、長い不況の時代に突入してしまいます。
そして新型コロナウイルス流行拡大の中での景気のさらなる停滞は、未曾有
の経験として日本だけでなく各国に影響を及ぼしています。

　そうした中、私たちはどのような日本経済・社会の特性や世界システムの
状況のもとで、何が実現されてきたのかについてしっかりと考察することが
大切です。表14.1は1960年から2019年にかけての5つの時点における日本
企業の時価総額ランキング（上位5社）を示しています。時代とともに主要
な企業、産業が変遷していることがわかるでしょう。いまこそ、日本の経
済、社会が歩んできた歴史をしっかりと理解し、受け継ぐべき良い点は何
か、変えるべき問題点はどこにあるのか、そのためにはどのような手段を用
いるべきかについて冷静に判断することが求められているのです。また、歴
史的な出来事と今起きている出来事との間の共通点や相違点について考えて
みるのも大切ではないでしょうか。たとえば、1920年代の日本では不況が長
引く中、関東大震災のような天災が起きることがありましたが、これは2010
年代における日本の経験にも酷似しています。また、現在の新型コロナウイ
ルス感染症拡大の動きを、約100年前のスペイン風邪の流行になぞらえる人
もいます。他にもたくさんの教訓をくみとることができるでしょう。このよ
うに、歴史から教訓をくみとり、今度とるべき経済の道すじを考えていくこ
とは、大いに可能なことです。今こそ、みなさんは歴史を学び、そして日本
の経済を学び、今後の経済について考えていく必要があると言えるでしょ
う。

表14.1　日本企業の時価総額ランキング

	1960 年	1979 年	1992 年	2010 年	2019 年
1	日立製作所	トヨタ自動車	NTT	トヨタ自動車	トヨタ自動車
2	東京芝浦電気	日産自動車	三菱銀行	三菱東京 UFJ 銀行	NTT
3	八幡製鉄	日本石油	日本興業銀行	エヌ・ティ・ティ・ドコモ	NTT ドコモ
4	トヨタ自動車	東京電力	住友銀行	本田技研工業	ソフトバンクグループ
5	富士製鉄	松下電器産業	トヨタ自動車	キヤノン	ソニー

ワーク
3

　表14.1に示した日本企業の時価総額ランキングの推移を見ましょう。そのうえで、以下のワークを行ってください。

(1)　今日学んだ日本経済の歴史的な動向と関連づけて、各年ごとになぜそうした企業が上位5位にランクづけられているのか、まず個人で考えて、次にグループで意見を共有してください。

(2)　もしあなたが過去のどこかの時点の企業の社長になれるとしたら、どの時代のどの企業の社長になりたいですか。産業の移り変わりに着目したうえで、時代と企業を選んでみましょう。理由も書いてください。次に、それをグループで共有してください。

発展課題

(1)　「失われた30年」という視点から、日本経済の現状について説明してください。

(2)　現在の新型コロナウイルス（COVID-19）感染拡大の状況がなければ、日本経済の景気は良くなったでしょうか。グループで話し合いましょう。

これからの学習

　この章は、本書の総括的な内容でありますが、専門的には日本経済史および現代日本経済の入門的な内容になっています。日本経済史は、日本史とは異なり、史実を追うだけでなく、各時代の経済的な背景についても注目して理解する必要があります。したがって、日本経済史の理解を深めるためには、経済学の基本的な知識をしっかり身に着ける必要があるといえます。本書の第13章までに学んだ経済や経営についての知識を振り返りながら第14章の歴史的な記述を追ってみてください。より理解が深まるのではないかと思います。そしてそのうえで、日本経済史など経済史関連の授業を受講してみるとよいでしょう。

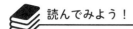
読んでみよう！

① 浅子和美・飯塚信夫・篠原総一編『入門・日本経済（第6版）』有斐閣、2020年。

② 伊藤修『日本の経済——歴史・現状・論点』中公新書、2007年。

③ 山家悠紀夫『日本経済30年史——バブルからアベノミクスまで』岩波新書、2019年。

索　引

【ア行】

ILO　→　国際労働機関
アカロフ，ジョージ　40
アドバース・セレクション　→　逆選
　　択
アベノミクス　75, 210
アントレプレナー　→　企業家
伊丹敬之　81, 87
位置取り　86-90, 92-93
インフレ　→　インフレーション
　　——率　→　インフレーション率
インフレーション（インフレ）　54,
　　157, 206-207
　　ハイパー——　157
　　——率（インフレ率）　59
失われた10年　73, 209
売りオペ　160
SDGs（持続可能な開発目標）　91
エンゲルス　117
円高　190-192
円安　190-192
オープン・マーケット・オペレーショ
　　ン　→　公開市場操作
オペ　→　公開市場操作
　　売り——　160
　　買い——　160

【カ行】

買いオペ　160
海外生産比率　194
海外戦略　193
会計
　　管理——　102-104, 106-107
　　財務——　102-104, 106-107
　　——情報　101-102
外国通貨　189
外部経済　38, 44
外部性
　　ネットワーク——（ネットワーク効果）
　　44

外部不経済　37-38, 44, 168
価格　17
家計　20
寡占　37-39, 168-169
価値尺度機能　140
価値貯蔵機能　140
GATT（関税と貿易に関する一般協定）
　　188
加藤俊彦　89
ガバナンス　92
株式　10, 81, 146-147
　　——会社　81-82, 84
株主　81, 84
　　——総会　81
貨幣　138-139
為替レート（為替相場）　56, 183, 189-
　　193, 195, 198, 207, 209
環境税　168
関税　187-189, 195-196
　　——政策　195
関税と貿易に関する一般協定　→
　　GATT
間接金融　144-145
完全失業者　129
完全失業率　130-131
管理会計　102-104, 106-107
基幹税　174
企業　20
　　——間の取引　11
　　——別組合（企業別労働組合）　119,
　　124-126
企業家（アントレプレナー）　91
技術的変換　81-83, 85, 87, 90
基準年　53
希少性　33, 35
　　資源の——　33
基礎的財政収支（プライマリーバランス）
　　177-178
逆選択（アドバース・セレクション）
　　40
供給　22, 71

総—— 71, 206
　——量 23
供給曲線 24-25, 27-30, 43
　——のシフト 28
共有価値の創造 → CSV
寄与度 74-75
均衡
　市場—— 26-29
　——価格 26-27, 29, 112
　——取引量 26-27, 29, 37
銀行 145
　中央—— 153, 157
　日本—— 154-162
　——券 155
金融
　間接—— 144-145
　直接—— 146
　——機関 145
　——危機 41, 75, 130, 210
　——取引 143, 148
　——引き締め 160-161
金融緩和 160-161
　——政策 208, 210
金融政策 153-154, 157-158, 160-161
　非伝統的—— 160-161
グローバル化 194-195
ケイ, ジョン 116
経営資源 87, 104
経営成績 97-99, 101-104
計画経済 21, 35
景気循環 → 景気変動
景気の安定化 168
景気変動（景気循環） 74
経済
　計画—— 21, 35
　混合—— 44, 168
　市場—— 21, 31, 33, 35-36, 42-44, 110-113, 115-116
　——発展 203
経済循環 5-6, 8, 14, 19-22
　——の図 20, 22, 47, 49-50, 67, 69
経済成長
　高度—— 119, 126, 129, 142, 185, 206-207, 211

——率 58-60
傾斜生産方式 206
コア・コンピタンス 87-88
COVID-19 → 新型コロナウイルス
公開市場操作（オープン・マーケット・オペレーション, オペ） 155, 159-160
交換媒介機能 140
公共財 37-38, 169
公共事業 12, 70, 156, 175
公共職業安定所（ハローワーク） 130
高度（経済）成長 119, 126, 129, 142, 185, 206-207, 212
　——期 130, 207
公認会計士 103, 105
購買力平価 56
効用 3
国債 147, 160, 174, 176-177
　——費 173
国際労働機関（ILO） 116
国内総生産 → GDP
固定相場制 206
雇用
　終身—— 119, 123-125, 127, 134
　——労働 110-111, 113
混合経済 44, 168

【サ行】

債券 146-148, 159
財・サービス市場 9
最終生産物 65-70
財政赤字 1, 174, 177
財政支出 12
財政状態 97-99, 101-104
最低賃金 120
　——法 114
財閥解体 205
財務会計 102-104, 106-107
サービス 4
サブプライム・ローン問題 75, 210
三面等価 50
CSV（共有価値の創造） 91
時価総額ランキング 212
時間決め 118
資源
　経営—— 87-88, 104

──の希少性　　33
──配分　　33, 38–39
自国通貨　　189
資産　　99
　純──　　99
　見えざる──　　87–88
市場　　8, 33, 35, 38–39
　財・サービス──　　9
　生産要素──　　11
　労働──　　9
　──均衡　　26–29
　──経済　　21, 31, 33, 35–36, 42–43, 110–113, 115–116
　──メカニズム　　18, 23–24, 26–27, 30–31, 33, 37–38, 43–44, 169, 207, 209
市場の失敗　　36, 38, 41, 43–44, 168
　──の是正　　168, 180
持続可能な開発目標　→　SDGs
失業者　　130, 210
　完全──　　129
失業問題　　132
失業率　　131, 171–172, 211
　完全──　　130–131
　若年──　　131
実質GDP　　51, 53–54, 202
　1人当たり──　　55, 57–58
　──成長率　　172
GDP（国内総生産）　　47, 68, 70
　実質──　　51, 53–54, 202
　1人当たり──　　55, 60
　名目──　　51, 53–54
　──成長率　　74
　──デフレータ　　54, 59, 209
資本　　10
　社会──　　175
　──主義　　1, 116–117
社会資本　　175
社会主義　　1, 35
社会的責任　　91
社会福祉　　169, 171
社会保険　　166, 169, 173, 175–176
社会保障　　173, 175–176
　──給付費　　175
　──制度　　169
若年失業率　　131

社債　　147
収益　　98
就職氷河期　　127, 210
　──世代　　132
終身雇用　　119, 123–125, 127, 134
自由貿易　　188
出資　　147
需要　　22, 69
　総──　　70, 206, 208–209
　──と供給の調和　　18, 23–24, 33, 37
　──量　　23
需要曲線　　24, 27–30, 43
　──のシフト　　28
純資産　　99
純輸出　　70
証券会社　　146
消費　　3, 66, 69
　──税　　156, 169, 174, 178, 210
　──と生産の調和　　20–22, 47
少品種少量生産　　85
情報の非対称性　　37, 39–41, 168–169
昭和恐慌　　205
職務能力　　125–127, 169
所得　　64
　──税　　169–170, 174
　──の再分配　　168–169, 180
新型コロナウイルス（COVID-19）　　75–76, 211
スタグネーション　　208
スタグフレーション　　208
成果主義　　128, 131
生産　　3
生産要素　　10, 19, 23, 33, 35, 64, 71, 87
　──市場　　11
成長率
　経済──　　58–60
　実質GDP──　　172
　GDP──　　74
政府
　地方──　　173, 175
　中央──　　173
　──支出　　70, 171
　──預金口座　　156
税理士　　105

世界の工場　194
世界の消費基地　194
世界貿易機関　→　WTO
石油危機　126, 130, 207
ゼロ金利政策　210
総供給　71, 206
総需要　70, 206, 208–209
Society 5.0　179
租税　174
損益計算書　98, 101–102, 104–105

【夕行】

待機児童　32
貸借対照表　98–99, 101–102, 104–105
対数目盛　60
田中将大　84, 86
WTO(世界貿易機関)　188
短期　71
団結権　115
団体交渉権　115
団体行動権　115
地位　→　ポジション
地代　11
地方政府　173, 175
中央銀行　153, 157
中央政府　173
中間投入　12, 63–70, 83
長期　71
朝鮮戦争特需　206
直接金融　146
賃金　6, 84, 111–112, 114–115, 118–119, 125–127, 131, 169, 194
　　最低——　120
　　年功——　119, 124–125, 127
通貨
　　外国——　189
　　自国——　189
通商政策　188, 195
定期預金　142
デフレーション(デフレ)　74, 157–158, 209–210
投資　11, 66, 69
　　——家　147
独占　37–39, 168–169
土地　10

ドッジ, ジョゼフ　206
　　——ライン　206
取締役　81
ドル高　190
ドル安　190

【ナ行】

内部労働市場　126
ニクソン・ショック　207
日銀　→　日本銀行
　　——当座預金　154–156, 160
　　——の独立性　162
ニッチ　89
日本銀行(日銀)　154–162
ニート　132
日本的雇用慣行　119, 124, 126–128, 133
ネットワーク外部性(ネットワーク効果)　44
年功賃金　119, 124–125, 127
農地改革　205
能力　86–88, 90, 92–93
　　職務——　125–127, 169

【ハ行】

ハイエク, フリードリッヒ　31
配当　11, 79, 81, 84
　　——金　147
ハイパーインフレーション　157
バブル(経済)　208–210, 212
　　——崩壊　73, 127, 130, 160, 176, 209–210, 212
ハメル, ゲイリー　87
パラサイト・シングル　135
ハローワーク　→　公共職業安定所
東日本大震災　1, 17, 75, 130, 210
非正規従業員　131
非正規労働者　127, 129, 132, 135
非伝統的金融政策　160–161
1人当たり実質GDP　55, 57–58
1人当たりGDP　55, 60
費用　98
貧困　1
　　——問題　3
付加価値　23, 62–66, 68–69, 81, 83–85, 87, 90–91

負債　99
普通預金　142
物価　54
　　──安定　157
　　──指数　54
物々交換　139
プライマリーバランス　→　基礎的財
　　政収支
プラザ合意　208-209
プラハラード, C.K.　87
フリーター　132, 134
フリードマン, ミルトン　90-91
不良債権問題　74
フリーライダー　38
分配　64
平成不況　51, 73, 209-210
変動相場制　207, 209
貿易
　　自由──　188
　　保護──　188
　　──赤字　185
　　──黒字　185
　　──収支　185
　　──障壁　187-189
　　──取引　187-188
　　──立国　185
法人税　174
法定労働時間　114
保護貿易　188
ポジショニング・ビュー　88-90, 92
ポジション(立地・地位)　88-89
ポーター, マイケル　89

【マ行】

マネーサプライ　206
マネーストック　142
　　──統計　141, 152
マルクス　117
満期　147
見えざる資産　87-88
民主化政策　205, 211
名目GDP　51, 53-54

【ヤ・ラ行】

有価証券　146

有限責任　81
有効求人倍率　130-131
融資　145
輸出　67, 70, 186
　　純──　70
　　──立国　192-193
輸入　67, 70, 186
預金
　　定期──　142
　　普通──　142
予算　173-174
利益　84, 98
利子　11, 84, 142, 144
リソース・ベースト・ビュー　87,
　　90, 92
立地　→　ポジション
リーマンショック　210
流通　5
累進的な税制　170, 180
累積債務　176, 178, 181
レモン原理　40
労働　4, 20, 43
　　雇用──　110-111, 113
　　──安全衛生法　114
　　──改革　206
　　──関係調整法　117-118, 206
　　──基準法　114, 117-118, 206
　　──基本権　115
　　──三権　115
　　──三法　117, 206
　　──条件　110, 113-115, 117-119
労働組合　116, 119
　　企業別──　→　企業別組合
　　──法　117-118, 206
労働市場　9
　　内部──　126
労働者
　　非正規──　127, 129, 132, 135
労働力　109, 111-115, 118, 125, 127,
　　129-130, 193

編著者・執筆者紹介

〈編著者〉

根岸　毅宏（ねぎし　たけひろ）　第 12 章
國學院大學経済学部教授.
著書に,『アメリカの福祉改革』日本経済評論社, 2006 年, など.

中泉　真樹（なかいずみ　まき）　第 1 章, 第 2 章, 第 3 章
國學院大學経済学部教授.
著書に,『ミクロ経済学　理論と応用』(鴇田忠彦と共著), 東洋経済新報社, 2000 年, など.

〈執筆者〉

髙木　康順（たかぎ　やすのぶ）　第 4 章, 第 5 章
國學院大學経済学部准教授.
論文に,「投資オプションモデルの耐久消費財支出行動への応用」田中辰雄・中妻照雄編著『計量経済学のフロンティア』第 5 章, 慶應義塾大学出版会, 2006 年, など.

藤山　圭（ふじやま　けい）　第 6 章
國學院大學経済学部准教授.
論文に,「事業開発スタンスが経営成果に与える影響——逆浸透膜産業を事例に」『日本経営学会誌』第 35 号, 2015 年, など.

金子　良太（かねこ　りょうた）　第 7 章
國學院大學経済学部教授.
著書に,『政府と非営利組織の会計』(共著), 中央経済社, 2012 年, など.

橋元　秀一（はしもと　しゅういち）　第 8 章, 第 9 章
國學院大學経済学部教授.
著書に,『人事労務管理の歴史分析』(佐口和郎と共編著), ミネルヴァ書房, 2003 年, など.

木村　秀史（きむら　しゅうし）　第 10 章, 第 11 章, 第 13 章
國學院大學経済学部教授.
著書に,『発展途上国の通貨統合』蒼天社出版, 2016 年, など.

杉山　里枝（すぎやま　りえ）　第 14 章
國學院大學経済学部教授.
著書に,『戦前期日本の地方企業：地域における産業化と近代経営』(石井里枝), 日本経済評論社, 2013 年, など.

アクティブ・ラーニングで学ぶ　日本の経済

2021 年 4 月 1 日　第 1 刷発行
2023 年 6 月 13 日　第 3 刷発行

編著者——根岸毅宏／中泉真樹
発行者——田北浩章
発行所——東洋経済新報社
　　　　　〒103-8345　東京都中央区日本橋本石町 1-2-1
　　　　　電話＝東洋経済コールセンター　03(6386)1040
　　　　　https://toyokeizai.net/

装　　丁…………橋爪朋世
ＤＴＰ…………アイランドコレクション
印刷・製本……丸井工文社
編集担当………茅根恭子
Printed in Japan　　ISBN 978-4-492-31534-7